★ ★ ★

Lingdao fangliie lun

领导方略论

王永生 著

人民出版社

封面题字:李 铎

策划编辑:吴学金

责任编辑:李椒元 陈光耀

装帧设计:肖 辉

责任校对:文 正

图书在版编目(CIP)数据

领导方略论/王永生著.-北京:人民出版社,1997.3(2011.8 修订)

ISBN 978－7－01－010085－2

Ⅰ.①领… Ⅱ.①王… Ⅲ.①领导学 Ⅳ.①C933

中国版本图书馆 CIP 数据核字(2011)第 145973 号

领导方略论

LINGDAO FANGLÜE LUN

王永生 著

人 民 出 版 社 出版发行

(100706 北京朝阳门内大街 166 号)

北京四环科技印刷厂印刷 新华书店经销

1997 年 3 月第 1 版 2011 年 8 月第 2 版 2011 年 8 月北京第 1 次印刷

开本:700 毫米×1000 毫米 1/16 印张:23

字数:188 千字 印数:00,001－10,000 册

ISBN 978－7－01－010085－2 定价:55.00 元

目 录
CONTENTS

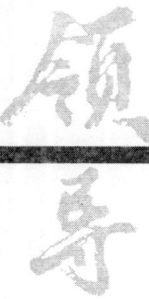

序　言

　　领导科学以研究领导工作的规律和方法为对象，是一门很有生命力的新兴学科。江泽民同志指出："每一个领导者都应该认真学习领导科学。"学习领导科学，实施科学领导，对于加快社会的发展和进步，对于建设高素质的干部队伍，有着重要的推动作用。可以说树立科学领导观念、掌握领导科学是领导者迈向成功的基石。

　　近年来，领导科学园地百花纷呈，学习领导科学的热潮方兴未艾，在这种情况下永生同志《领导方略论》的出版，可谓正逢其时。这本书是继他三年前由中央军委副主席迟浩田上将作序的《用人方略论》之后的又一力作。两部专著堪称姊妹篇，都是属于领导科学的专著。这一部内容更广阔、论述更精彩、气势更宏伟，较之上一部更成熟。

　　全书针对时代的特点立论，针对现实的状况立论，特别是针对领导方略中存在的弊端立论，其论点鲜明、新颖，必然会引起读者的共鸣。该书思想深刻，论理深透，论述深远。不仅让人知其然，尤其让人知其所以然，从思想深处给人以启迪。

《领导方略论》是永生同志在实际工作中耳闻目睹又深思熟虑的结晶，是无数领导者经验和教训的总结，也是其运用马克思主义的立场观点及政治学、心理学、管理学等知识对社会现象进行研究而结成的硕果。书中许多现象及问题是我们熟悉甚至也曾为之担心的，像"高素质要有宽胸怀"，"领导者要防止偏颇"等，读起来真真切切，用起来必然实实在在。因此我认为这是一部立足时代高度、紧密联系实际、眼光独到、具有较强的哲理性、指导性、文学性和操作性的领导科学专著，必然为领导者和一切立志成才的人所喜欢。

愿更多的人掌握领导方略！

领 · 导 · 方 · 略 · 论

伟大的思想，创造伟大的实践。

第一章 领导思想

一、领导活动的宗旨

领导是社会组织或团体中的组织者、领率者为实现既定目标而对其部属进行率领和指导的行为，是带领被领导者，在与环境的相互作用中进行的认识世界和改造世界的活动过程。为人民服务是我们领导活动的出发点和归宿，是具有中国特色领导理论的核心，也是领导活动的根本宗旨。

1. 为人民服务宗旨具有高级的历史特征

实现正确的领导方略，就必须坚持为人民服务。从领导行为的历史轨迹看，"为人民服务"的领导宗旨具有高级的历史特征。在没有阶级的原始社会，领导活动表现为一种原始的、淳朴的、平等管理的领导行为特色。由于没有私有财产，没有阶级，没有剥削，领导者也就没有什么特权，领导者和被领导者之间是一种以共同利益为宗旨的完全平等、纯道德性的领导关系。奴隶社会是灭绝人性的"物化"统治。奴隶被奴隶主视为同生产工具和牲畜一样的"物"。奴隶的占有量成为奴隶主财富的标志。奴隶的买卖、处死受到奴隶主法律的保护，奴隶的人性被摧残、泯灭了。奴隶成为奴隶主阶级的"物"，"物化"统治是奴隶社会领导行为宗旨的一个基本特点。封建社会是摧残人性的"奴化"统治。封建统治阶级不仅凭借国家政权对广大人民实行硬手段统治，而且还通过伦理道德、文化教育、政治意识形态等实行软手段的麻醉统治。封建统治者用"君君、臣臣、父父、子子"一套等级制度实行阶级的层次统治，使被领导者和广大的劳动群众成为对他们服服帖帖的忠臣孝子、恭顺臣民。封建的领导关系，就是这种赤裸裸的奴化统治关系。资本主义社会，较之封建社会更多地体现了职权和责任的统一，同时也应当看到资产阶级的所谓"民主"政治，究其实质也不过是为了促进资本主义生产关系发展，为维护资产阶级统治利益服务。社会主义社会领导活动的本质特征是职权、责任和服务三者的统一。特别是"为人民服务"的领导宗旨，体现了中国共产党人的领导目的，是对剥削阶级领导宗旨的否定，表现了中国特色社会主义领导行为的目标。

领导者为人民服务、当好人民公仆，必须正确认识和运用手中的权力。因为权力本身具有两重性：既可以为公众谋利益，又可以为个人谋私利。对中国共产党的干部来说，权力是为人民服务的工具，职位越高，权力越大，责任也就越重，就更应尽心尽力，尽职尽责地为人民谋利益。在我国，干部和群众都是普通的劳动者，只有社会分工，没有贵贱之分。作为领导干部，执政为民，为政清廉，要把自己摆在公仆的位置，置于人民群众之中，而不能凌驾于群众之上，要为人民服务，而不能当官做老爷。领导干部必须时刻牢记为人民服务的宗旨，在其位谋其政，为官一任造福一方，当一个脚踏实地、求真务实的实干家。要自觉接受群众监督，主动听取群众的意见，不管是什么人，谁向我们指出都行，只要你说得对，我们就改正，你说的办法对人民有好处，我们就照你的办。作为领导者必须树立正确的领导观，牺牲在抗洪前线的锦州市委书记张鸣岐说："领导就是带领和导向。"张鸣岐用自己的行动解释了他的领导观。人民的好儿子焦裕禄拖着患病后极度虚弱的身体，坚持带领群众同自然灾害作斗争。党的好干部孔繁森三次进藏毫无怨言，将自己的一切奉献给雪域高原上的西藏人民。邢台大地震中，周恩来总理到灾民中间去，与群众吃一样的馒头，喝一样的粥，他说："乡亲们，我与你们一道抗灾来了！"试想，如果没有成千上万党的优秀儿女的"带领"与"导向"，共产党人就不会取信于民，就不会克服艰难险阻，把事业推向胜利。

2. 为人民服务是我党的领导宗旨

中国特色的领导思想体系，概括起来就是全心全意为人民服务的领导宗旨，相信群众、依靠群众的基本领导方法，大公无私的领导行为规范。完全、彻底、全心全意为人民服务的领导思想，是中国革命历史环境的产物，是马克思列宁主义普遍真理同中国革命具体实践相结合的结晶。

领导者真正让群众心里服气，行动服从，关键在于要牢固树立全心全意为人民服务的思想，树立领导就是服务的思想。服务出威望，服务出凝聚力。越是服务得好，群众越是服气，就越能自觉地服从。毛泽东同志指出："全心全意地为人民服务，一刻也不脱离群众；一切从人民的利益出发，而不是从个人或小集团的利益出发；向人民负责和向党的领导机关负责的一致性；这些就是我们的出发点。"这就明确告诉我们，对下负责与对上负责是一致的，两者并不矛盾。对上级领导机关负责，不是谁有权就向谁负责，谁能掌握自己的命运就向谁负责，更不是不对人民负责，而要把对人民负责作为一切言论行动的最高标准。对人民负责是指党的各级领导机关都是为人民服务的，党的工作的全部目的就是为人民谋利益。强调对上对下负责的一致性，最重要的是在思想上、政治上和党中央保持一致，在组织上维护高度集中统一，在行动上认真执行党中央的路线方针政策，自觉维护党中央的权威，保证党中央政令畅通。此外，"为人民服务"的领导宗旨，要求有大公无私的领导行为规范。"为人民服务"和"以权谋私"是水火不相容的两种领导行为。历史上一切剥削阶级都把"争权"当成"夺利"的手段，"升官"和"发财"成了他们的必然因果关系。而共产党人则把"为人民服务"当成领导的出发点和行动归宿。据此毛泽东同志提出了两条领导行为的最高评判标准：一条是"完全"、"彻底"、"全心全意"地为人民服务的精神；另一条是最广大群众的利益标准。领导者为人民服务的基本行为特征就是实现最广大群众的最大利益。

邓小平同志关于人民为本的思想，是对毛泽东同志为人民服务思想的继承和发展，具有很强的现实针对性和工作指导性，是各级领导干部必须具备的基本素质之一，是做好各项工作的思想基础，说到底，坚持人民为本的思想，就是一切为了人民，一切依靠人民，这是历史提供的经验教训。因为人民是立党立国之本，取得人民的支持，党的事业就兴旺发达，失去人民的支持，就要遭受挫折。这是我们党与人民之间关系的最深层本质。然而，人民这个概念，在一些党员干部的头脑中淡化了，有的想人民的利益少了，一事当前先替自己打算，有的不务实事，搞形式主义，做表面文章，沽名钓誉，这就背离了党的宗旨，影响了党和人民群众之间的关系。一切为了人民，一切依靠人民，是各级领导干部必须坚持的世界观和方法论。一切为了人民，就是要坚持人民的利益高于一切，无论在任何情况下，都要把人民的利益作为想问题、办事情、作决策的出发点和立足点。这正是我们党区别于其他政党的根本标志，也是我们党智慧的源泉。因此，在社会主义市场经济条件下，党的各级干部，尤其是中高级干部，要更加密切党与人民群众的血肉联系，注意倾听群众的呼声，掌握群众的思想情绪，了解群众的疾苦，并以此作为决策的重要依据。

3. 为人民服务应坚持走群众路线

只有相信群众，依靠群众，从群众中来到群众中去，才能坚持"为人民服务"的宗旨。"为人民服务"要落实在最广大人民群众的利益上，离开群众利益而侈谈"为人民服务"，等于纸上谈兵。要实现"为人民服务"的领导宗旨，不相信和依靠群众，无论从理论上还是实践上都是行不通的。作为一个领导干部，光当好群众的学生是不够的，还必须教育和引导群众，也就是当好群众的"先生"。群众是真正的英雄，但在一定条件下，群众需要引导。由于历史的局限性，如果不加分析地听任一些自发行动，就不能保证群众活动的正确方向。这就要求各级领导，善于运用正确的思想教育引导群众，提高群众的觉悟，带领群众前进。要向群众宣传党的主张，把党的政策变成群众的自觉行动。要讲究工作方法，对于群众的落后情绪，做好耐心细致的思想政治工作，给以必要的教育帮助，既不能迎合它、迁就它，也不能简单粗暴、强迫命令，防止矛盾激化。在改革开放不断深化的形势下，特别要注重教育引导群众正确对待局部利益与整体利益，正确对待个人利益与国家利益，正确对待利益关系调整，保证改革开放的顺利进行。

领导干部，特别是党的中高级干部一定要认真贯彻执行党的群众路线。因为中国共产党从诞生到执政，最深厚的根源在于同人民群众的联系，群众是衣食父母，是力量的源泉，每一个领导者都应加强群众观点，强化爱民观念，要认识到爱民是领导者的起码义务和基本责任。江泽民同志曾尖锐指出："现在我们的交通、通信发达了，可是一些地方的党群、干群关系却疏远了。"因此，作为领导者一定要善于听取群众的意见，关心群众的生活，倾听群众的呼声。传说古代，某国君王乔将他的儿子送到朴古大师门下，要求大师负责教授王子成为一名杰出的统治者，因为王子将要继承王位。王子刚抵达寺庙，大师就将他独自送到大森林中，并要求他一年后回到寺庙时要描述森林的声音。王子回来后恭恭敬敬地向大师描述着新的收获：当我集中全力地倾听时，我听到了从未听到过的声音，鲜花在缓缓地开放，大地在阳光下复苏，小草在吮吸着露珠……大师频频地点头赞赏："倾听听不到的声音是成为杰出统治者所必备的基本素质。因为只有当一位统治者学会密切地倾听民众的心声，理解他们没有表达的情感，掌握他们没有表达的抱怨，才有希望鼓舞民众的信心，满足民众真正的要求，以及了解所出现的问题。"这个故事可以使我们联想很多，领导者走群众路线，必须真正深入到实际工作中去，全身心地倾听人民群众的心声，以此来反映和体现群众的意志，更好地为人民大众服务。

4. 为人民服务要为人民掌好权用好权

反对极端个人主义和以权谋私，对于领导干部来说，最重要的就是要防止把市场经济的"等价交换"原则引入政治生活领域，切实为人民掌好权、用好权。在经济运作过程中，等价交换是一个通行的基本法则。但社会是一个包括经济、政治、军事、文化等系统在内的广阔领域，等价交换原则不能超出经济活动的范围而不加限制地到处搬用。江泽民同志曾明确指出："发展社会主义商品经济，在经济领域必须重视和运用价值规律，讲等价交换，但决不能把商品交换的原则引入党内政治生活。"而有的领导干部，恰恰违背了这个严肃的告诫。他们利用手中的权力，为个人或亲友牟取私利，奉行你给我好处，我给你办事，他们掌握的权力完全变成了"等价交换"的筹码。这些人忘记了自己手中的权力是从哪里来的，是干什么用的。毛泽东同志在战争年代就指出："人民要解放，就把权力委托给能够代表他们的、能够忠实为他们办事的人，这就是我们共产党人。"新中国成立后，他又一再提醒党的各级干部：我们的权力是谁给的，是工人阶级给的，是广大农民给的，是占人口百分之九十五以上的劳动群众给的。领导者手中的权力与全心全意为人民服务相结合，就会造福于人民。相反，如果把权力与极端个人主义相结合，就会祸国殃民。这就要求领导干部，在坚持全心全意为人民服务的宗旨上，必须有更高的标准。一定要按照江泽民同志提出的"自重、自省、自警、自励"的要求，以王宝森这样的反面教员为借鉴。要像孔繁森、李国安同志那样，胸怀党的事业，心想人民群众，上不愧党，下不愧民，永远保持共产党人的政治本色和浩然正气。

二、领导者要有大视野

中国的改革开放和经济建设大潮，迫切要求领导者全面提高自己的能力和水平，除了必备的经验、学识、智慧和其他能力之外，还特别需要领导者具备大视野。

1. 要发展就要变化

要发展就要变，不变就不会发展。随着形势的发展和变化，给每一个领导者提出了更新更高的要求，那就是要有大视野。"风物长宜放眼量"，人生是一次远航，方向、目标至关重要，没有正确的理想和目标，没有大的视野，就会遭受大的挫折。立志高远，树立正确的理想抱负，"志不立，天下无可成之事"，"伟大的毅力只为伟大的目的而产生。"因此，有了大视野，有了远目标，才有源源不断的动力，而且目标愈高动力愈大。在正确的目标和宽阔视野的指引下，只要持续奋进就能达到胜利的终点。野心不可有，雄心不可无。二"心"的区别在于出发点，关键是为个人或小团体，还是为人民大众。新中国成立后的几十年内，我们主要靠自己的艰苦奋斗，独立地创造着一种自给自足的经济体系和乡村田园般的简朴生活。党的十一届三中全会以后，中国打开了面向世界的大门。改革开放的政策，把中华民族推向了国际大舞台。中国大地上出现了许多新变化、新特点、新趋势。这就要求领导者用高瞻远瞩的大视野，去认识外面精彩的世界，以激励大家为发展生产力、发展经济而奋斗。领导者只有打破传统眼界，逐步形成大视野的意识，不断树立大视野的观念，才能够跳出井蛙之地，放眼世界天地宽，从而从容应付来自国际社会和世界经济的冲击和挑战，建立和完善社会主义市场经济体制，取得一个又一个伟大的胜利。

随着改革开放的发展，我们的领导工作正在逐步从传统化走向现代化，从区域化走向国际化，从经验领导转向科学领导而且得到了进一步的强化。许多方面的具体工作，也将越来越多地参照国际形势、国际环境、国际市场、国际惯例和国际经济来决策和实施。领导工作的范围已经大大拓宽，区域性、封闭型、小生产式的领导方式将逐渐被现代化、开放式、国际型的领导方式所代替，这是领导工作的一个十分重要的新趋势。密切注视国际战略格局和国内形势的发展变化，经常在脑子中思考一些带有全局性的重大问题，是增强战略意识的首要环节。着眼长远，宏观

谋划。实现建设有中国特色社会主义的宏伟战略目标，是一个较长的历史任务，需要我们立足于现实，着眼于未来。古人讲："不谋万世者不足谋一时。"作为一名领导者，如果目光短浅，急功近利，热衷于搞"短期行为"、"短线产品"，缺乏深谋远虑，那就不能算是一个合格的负责的领导者。每个领导干部的任职时间都是有限的，但我们的事业是无限的。一个有战略眼光的领导者，既要对当前负责，又要对长远负责。要敏锐把握这一趋势，及时调整领导内容，更新领导方法，提高领导水平，这就必须革心洗脑，以改革开放的大视野，取代保守封闭的旧眼界。

2. 大视野使领导者产生新境界

世界在变，人们的思想不能不变。要使自己的思想认识跟上时代的变化，就需要不断地反思过去，不断地学习新事物，不断地打破旧框框，使思维处在一个无限发展变化的动态之中。因此，必须需要大视野，大视野创造新感觉，大视野升华新境界。领导者要放眼世界，把握趋势。因为趋势反映着事物的本质，预示着世界形势发展的方向。把握这种趋势，是决定工作方针，实施发展战略，制定某些政策的前提和基础。大视野要把握大的趋势。只有这样，才能因势利导，增强领导工作的系统性、预见性和科学性。

在纷纭复杂、瞬息变化的形势面前，哪怕是抓住一个小的机遇，都有可能是一场漂亮战役的开始。外国在社会经济建设和科学文化事业方面有许多经验值得学习，往往我们刚刚入门，而外国已有几十年的经验了，领导干部放开视野，就是要善于搜索和获取有用的经验。在改革开放中，领导者要"敢于冒风险"。改革开放越前进，承担和抵抗风险的能力就越强。处理问题完全没有风险是不可能的，在实际工作中冒点险也并不可怕。当然，在前进中应及时总结经验，以避免和减少失误。

拓展大视野，归根结底是要提高领导干部的思想境界、领导境界，如果领导干部都具备运筹帷幄的战略头脑和大视野，那么，我们的改革开放和现代化事业就大有希望。

三、识大局方能谋大事

任何复杂的事物所包含的矛盾，都不是单一的，而是由众多的矛盾所构成的。在建设有中国特色社会主义的伟大实践中，要正确认识和解决诸多错综交织的矛盾，最重要的一点是善于识大体顾大局。唯有如此，才能做出成功的大事业来。

1. 坚定全局思想，抓住主要矛盾

领导者要有驾驭全局的能力，对全局一定要心中有数。古人说："不谋全局者不足谋一域。"高明的棋手总结经验说："没有全盘在胸是投不下一着好棋子的。"领导者胸中没有全局，即使某项具体工作做得不错，整个工作也很难做好。因此，领导决断问题时不仅要看局部，还要看全局；不仅要看眼前，还要看长远；不仅要看重点，还要看一般。既要找出带动整个链条的重要环节，还要不忽视一般条件。但问题的关键是来自对大局的深刻认识，来自对一定历史阶段的主要矛盾的把握。善于抓住和集中主要精力解决主要矛盾，是正确认识大局的基础，也是无产阶级政党制定战略策略的重要科学依据。在这个问题上，我们党有过许多成功的经验，也出现过严重的失误，历史的反思给我们这样一个深刻的启示：能否正确把握主导矛盾，是正确地认识大局的关键所在。在社会主义初级阶段，由于生产力不发达，人民群众日益增长的物质文化需要同落后的社会生产之间的矛盾特别突出，它制约和规定着这一阶段的其他一切矛盾，只有集中力量解决主导矛盾，大力发展、提高生产力水平，才有可能解决其他矛盾或为解决其他矛盾创造有利条件。正如邓小平同志所说："现在就是要硬着头皮把经济搞上去，就是这么一个大局，一切都要服从这个大局。"要深刻认识这一大局，就必须注意处理好当前改革、发展与稳定之间的关系。江泽民同志指出："改革、发展、稳定三者存在着不可分割的内在联系。"发展是目标，改革是动力，稳定是前提，这是我们的基本方针。改革是发展的动力。那些妨碍发展的许多体制上的深层次矛盾，只有通过这种革命性的变革才能得到解决。深入改革不仅能促进当前经济发展，而且能为 21 世纪我国经济的持续发展和国家的长治久安打下坚实的基础。改革、发展、稳定，三者互为条件，互相依赖，互为制约，缺一不可。只有从整体上把握改革、发展、稳定之间的内在关系，才能做到相互协调，相互促进。在思想认识和实际工作中，不应对立或割裂开来，不应强调一个方面而忽视其他方面。要把加快改革和发展的紧迫感同科学求实的精神很好地结合起来，充分考虑经济社会各方面的有利条件和可能出现的困难，做到在政治和社会稳定中推进改革和发展，在改革和发展的推进中实现政治和社会的长期稳定。在推进改革的过程中改善社会承受能力，尽可能减少不必要的震荡和阵痛。在维护稳定的工作中注意为改革发展的进程创造有利条件。

2. 树立全局观念，自觉照应大局

树立大局观念，是一个高明的领导者必备的素质。总揽全局统筹安排，就是对复杂的社会现象，站在全局的高度进行科学的分析、综合、概括和判断。从某种意义上讲，不同层次的领导者，应该是大大小小的战略家。因此，最关心的不应只是自己领导活动中的局部问题，而应该是全局性和方向性的问题。只有大局在胸，了解大局，服从大局，服务大局，才能统揽全局，使自己居高望远，处于主动地位，立于不败之地。宋代《棋经十三篇》中说："能审局者则多胜。"没有大局观的弈者常常由于不能审视棋局而遭致失败。领导者善于从大局出发观察形势，辨别方向，判明是非，制定政策，处理问题，推动工作，才能在当前世界范围的历史性大变动中，抓住机遇，推进改革，加速发展，为把我国建设成富强、民主、文明的社会主义现代化国家做出应有的贡献。国家大局代表着一个政党、一个民族、一个国家和最广大人民群众的整体利益，它规定和制约着各种局部利益。因此，着眼于大局，照顾大局，从大局出发想问题、办事情，历来是中国共产党人的一条重要行动准则。正如邓小平同志指出的："要提倡顾全大局。有些事从局部看可行，从大局看不可行；有些事从局部看不可行，从大局看可行。归根到底要顾全大局。"党中央是着眼于全局来制定党的路线、方针和政策的，是从大局出发来实施治国方略的。因此，自觉地维护中央的权威是服从大局的表现。每个共产党员特别是党的各级领导干部，必须牢固树立全局观念，与党中央在政治上保持高度一致，正确处理地方利益、个人利益与集体利益的关系，坚决反对"上有政策，下有对策"的本位主义、地方主义和小团体主义的行为，在局部利益同全局利益发生矛盾时，自觉主动地照应大局。任何领导者特别是一把手，既要服从大局，又要统领大局。既要吃透上级精神，又要了解基层实际。领导者要做到大局在胸，全局在握，思路清晰，方向明确。

3. 增强全局意识，提高领导水平

领导者要提高领导水平，必须增强战略意识。只有增强战略意识，才能始终同党中央保持高度一致，实现中央的战略意图。领导者的战略意识强不强，是一个事关全局的重大问题，也是检验其政治素质高不高的一个重要方面。战略是一个多层次的系统工程，不同层次的战略既与国家发展的总战略相互协调和衔接，又具有各自相对的独立性。尽管各级领导者的职务有高有低，权力有大有小，职责范围也不尽相同，但有一个共同的基本职责，那就是通观全局，展望未来，创造性地进行战略指导。这就需要中高级干部有更强的战略意识，更高的战略指导艺术。现代社会是

一个全方位开放的社会，处于这样的社会大环境之中，迫切需要领导者提高认识问题、辨别是非的能力，要站得高一些，看得远一些，努力透过复杂纷纭的现象，抓住事物的本质，把握事物发展方向，因势利导作出正确的战略决策。改革开放和现代化建设是前无古人的宏伟大业，需要几代人的艰苦努力。有的工作眼前利益不大，但功在千秋，利在后人，这种工作也要从长计议，认真做好。这才是一个具备战略意识的领导者所应有的功利观。中高级领导干部担负着统筹全局的重要职责，战略意识强不强，关键点就是能不能抓住大事，管好全局。中高级干部在实际工作中，既要管"战略"，又要管"战役"、"战术"，日常事务很繁杂，容易事务缠身，忙于应酬，陷入事务性工作中。这就需要我们强化战略意识，多想全局、常议大事、善谋大计，防止事无巨细，眉毛胡子一把抓，这是涉及一个领导精力的投入问题。

四、领导者的谋与断

一名合格的领导者，应善于适应角色变化，善于运筹谋划，善于正确决断。提高领导者的适应、运筹、决断能力，对于做好领导工作有着重要的意义。

1. 领导角色的多重性

一位领导干部在不同的环境中，具有不同的角色属性。如对上级他是下属，对部属他又是领导。现实生活中，有的领导者忽视了本身角色的多重性、多变性，不能正确认识和处理自己在社会不同环境中的地位身份，自觉不自觉地造成角色错位，在感情和心理上人为地造成隔阂，影响了自己的形象和领导决策的实施。其主要表现是：角色单一化，不论在什么场合、什么环境中都摆领导架子，只有威没有慈，部属敬而远之，同志朋友厌烦，家庭关系紧张；有的眼睛只向上看，见了上级毕恭毕敬，见了下属趾高气扬；有的领导班子不团结，原因也是个别领导成员不能正确认识自己的角色，在工作中造成角色错位。因此，领导者要努力扮演好不同环境中的不同角色，就一定要深刻理解领导就是服务的思想，时刻想着自己是人民的勤务员，是"公仆"，所做的一切都是为人民利益的，而不能把自己凌驾于群众之上，更不能做违背人民利益的事情。同时还要以诚待人，"诚招天下客"，唯有真诚的心力与情感，才能发出磁石般的影响，使同志、朋友、部属、家庭理解自己，支持工作。

2. 角色的统一关键在于掌握好"度"

领导工作中一定要把握好"度"。欲速则不达，过犹不及，都达不到理想的效果。领导者在扮演各种角色时要根据一定的场合，掌握住角色的分寸。使自己在社会各种矛盾的焦点上，在各种场合对不同人的接触中，在处理不同的问题时，要像照相机自动调焦那样，有灵活的应变能力，随时调节好不同角色所需要的分寸。在实际工作中应该注意：一是掌握好权与威。权力是组织法定授予的，不管被领导者是否愿意都必须服从，是一种强制性的支配力。以权力支配人得到的只是畏惧或消极被动的服从，权力一旦消失，这种外在的影响力就会明显减弱。威信则是领导者自身所具有的素养，表现为被领导者由不服到信服再到自愿接受，是一种自然性的影响力。威信也是领导者的模范行为，使被领导者产生发自内心的尊敬、依赖和钦佩，这是一种征服人心的内在力量，能最大限度地调动被领导者的主观能动性，效果显著且持久。作为领导者应该把着眼点放在提高自身的素养上，领导者的知识水平、思维能力、真知灼见，是赢得下级对自己角色认同的首要条件。只有知识丰富了，思维才能敏捷，与各种人打交道的本领才能提高。不应该过分地看重和依赖于权的支配力量。领导者实施领导，权与威缺一不可，领导者应品格高尚，才能出众，关心下属，体贴群众，以威行权。这样，被领导者就会言听计从，倾心拥戴。二是处理好谋与断。谋与断是辩证统一的完整认识过程。谋是断的前提，断是谋的目的。只有多谋才能善断，才能避免决策的失误。领导者必须将自己置于领导群体之中，集思广益，以求多谋。领导者还要深入基层，多谋于群众。以便兼听则明，开阔新的思路。领导者在谋断中要经过周密思考、权衡利弊后大胆果断地抓住时机，及时予以决断。有这么一个故事：一个老人和一个小孩牵着一头驴赶路，开始老人骑在驴上，小孩在下面走，一个抱着孩子的少妇见了说："这个老头年龄这么大还不懂事，他骑驴，让小孩在下面走。"老人听后，就下来把小孩抱上去。小孩骑上驴走了不一会儿，一个老翁看到后说："哎呀，这个孩子太不懂事了，一点儿都不孝顺，让老人在下面走。"于是爷俩都下来牵着驴走。有人看见后说："哎，你们看这俩傻子，有驴不骑，非要走路。"于是两个人都骑上去了，结果被一个僧人看到："阿弥陀佛！这一老一少太狠心了，因为是头驴，俩人都骑上了，罪过，罪过！"可见，如果没有主心骨，只能是人云亦云，随波逐流。如果一个领导者在做决策时，到了火候仍在左商量右研究，优柔寡断，谋而不决，就会坐失良机。三是控制好宽与严。从领导科学理论上来说，领导者有两种功能：一种是影响整个集体完成任务，达到目标的功能；另一种是使整个集体处于良好的工作状态之中的功能。

领导者正确掌握运用宽与严的尺度实施领导与管理，是实现这两种功能的有效方式和途径。宽，就是要求领导者以宽厚的品格待人，宽容的态度待人，为整个单位创造宽松的良好环境，这既是现代领导者应具有的美德，同时也是民主的伴随物。严，就是领导者要以严肃的态度，严明的纪律办事，从而创造出严谨的组织效能。这是一种原则性的科学的工作作风，也是敢负责有魄力的表现。工作有目标、行为有规范，如果离开严，势必丧失原则性，失去了依据和准绳。但同时也必须看到，只有严的韧性，而离开了宽的柔性，那么工作就会缺少灵活性。因此，二者必须有机地统一起来，不能偏颇哪一方。领导者若无原则地宽，则人心涣散指挥失灵，领导效能就无从谈起。若不分场合不分动机一味地严，容易造成领导者与被领导者之间思想"断流"，也不利于发挥大家的主观能动性。

3. 运筹和决断是辩证的统一

领导工作中的运筹帷幄谋划大事，一般而言审时度势是前提和基础。审时度势要做到统筹全局、抓住关键。客观事物的发展变化是辩证的，领导运筹思维也必须是辩证的。211年春，荆州的刘备要入川，但遇曹操要攻打同刘备结盟的孙权，刘备陷于入川还是援吴的两难之中。这时诸葛亮让刘备从西凉调出马超攻打曹操，使曹自顾不暇，刘备由两难变为两全。这类运筹体现了从局部到全局再回到局部，以全局眼光审视局部。从策略到战略再回到策略，从战略高度把握策略。从内部到外部再回到内部，从内外部两面寻求提出解决问题的方略。从现时到未来再回到现时，从未来的高度和角度来认识并把握现时行动的辩证思维特征。领导者在运筹时对事物的相互联系和本质有较深的了解与研究。解决思维的立足点要善于从上面、对面、外面、侧面等不同方位看问题，解决思维的着眼点。领导决断的原则性和灵活性，要有机地结合起来。领导决断的原则性，是领导活动必须始终坚持的根本目标，达到目标必须坚持的基本点和必须划清的基本界限，它反映了事物存在发展变化质的规定性和基本数量界限。领导决断的灵活性，是由实际面对客观情况和主观条件决定的策略上的随机应变性，它反映了事物发展变化的复杂性和前进道路的曲折性。在实际工作中应把握好原则的坚定性和策略的灵活性，以达到有效的工作目的。在领导决断中可相对分为战略决断与战术决断。在领导活动中，领导者必须既敢于提早作出战略决断，又善于临机作出战术决断。毛泽东同志在解放战争中运筹帷幄，指挥千军万马作出的挺进中原，举行辽沈、平津、淮海三大战役的战略决策，有惊天动地的气魄和胆识，又有十分精心周到的指挥，的确是前无古人的，为一切领导者树立了光辉典范。因此，有胆有识、多谋善断，是领导者必须具备的品格之一。要做到有胆有识、多谋善断，必须把握事物发展的规律性，积累丰富的经验，还要抓住机遇、恰到好处，卓有成效地做好运筹与决断。

4. 征集决策意见的方法

我们通常用开会讨论的方法，征集集体的意见，大家七嘴八舌，有人提议，有人反对，会议有时在没有定论的情况下不了了之，影响了工作效率，可见，掌握征集决策意见的科学方法是非常重要的。有些方法可以借鉴：一是特尔菲法。这是 20 世纪 40 年代美国兰德公司设计的一种意见测验法，也叫专家调查法。用于集体判断和预测。首先，组织起一个主持机构，选择和决定要征求意见的专家名单，决定要征询的意见和问题，将这些问题书面送交各专家，让他们对问题作出论断，并在规定时间内书面返回意见。他们的意见集中到主持机构后，归纳总结，去伪存真，将这些汇总意见，不透露姓名，再寄给各专家，请他们进一步提出自己的观点，也可以重新考虑自己的意见，修改观点，但要说明理由。这样反复多次，集中最后的意见。每个人可以独立地、自由地思考，作出判断，这是采用比较多的一种预测决策法。二是头脑风暴法。传统的会议讨论中，有些人专门挑别人的错，而自己又无好主意，结果破坏性大于建设性。头脑风暴是指精神病人的胡言乱语，头脑风暴法就是鼓励大家开动脑筋，自由发言，互相启发，互相推动。要求大家无拘无束发表自己的见解，不长篇大论，只准提出新建议，不准重复，不准反对他人的意见，可以引申和扩展别人的意见，循环往复，直到大家没有新的意见为止，这样可以产生很多有创见性的意见。三是易地思考法。请管理人员和有关专业人员离开工作岗位到一个"世外桃源"去，放松心理情境，排除工作上的干扰，摆脱原有的框框，打破上下级关系，大家专心在一起考虑下一步怎么办。有不少好主意是在办公室里想不出来的，换个环境可以激发人的思维能力，融洽关系和活跃气氛。

五、领导者的标准

领导者标准是判断领导能力强弱，领导水平高低的重要尺度，是考察了解干部素质的重要依据，确定领导者的标准对于正确实施领导活动，具有特殊重要性。

1. 人民利益、人民拥护是领导问题的核心

毛泽东同志指出："应该使每个同志明了，共产党人的一切言论行动，必须以合乎最广大人民群众的最大利益，为最广大人民群众所拥护为最高标准。"这就是说，人民利益、人民拥护是领导问题的核心，是领导标准的根本前提或最高标准。毛泽东同志提出这一标准，是由领导的本质所决定的。领导就是服务。如果一个领导者没有为人民服务的思想意识和为人民所拥护的魅力，那么，他就不能成为一个真正领导者。所以坚定的服务意识和卓越的影响力都不是抽象的，是否为人民服务和为人民所拥护，是区别真假领导的根本前提和最高标准。服务标准和生产力标准的关系，这是目的和手段的关系。邓小平同志提出了三项标准，即"三个有利于"。这就是把列宁和毛泽东提出的两个"最高标准"融为一体，使它成为检验社会主义领导者的根本标准。从而为社会主义领导标准的科学化进一步奠定了可靠基础。"三个有利于"是马克思主义的现实主义标准，邓小平同志告诫大家，不争论，一争论就复杂了，把时间都争掉了，什么也干不成，从而使每个期盼现代化的中国人，都明白地认识到，再也不要为了虚幻的纯洁性，犯那种"在昨天的祭坛上宰杀明天的机会"的蠢事了。

无论从领导主体的角度，还是从被领导者接受领

导的角度，领导标准可以概括为根本领导标准和具体领导标准两大类。根本标准的内容归根到底，要表现在为最广大人民的最大利益服务和发展生产力上，这是各项具体领导标准的灵魂，也是领导者考虑问题的出发点和归宿。因此，根本标准和具体标准的关系就是共性和个性的关系。具体标准不论是政治的、经济的、文化的，还是领导主体的、实现领导的，都要体现或保证领导根本标准，都要服从或服务于它。离开根本标准和具体标准的辩证关系去谈领导标准的任何想法和做法，都会影响领导效果，直至造成领导工作的失败。

2. 把握好领导者标准的特征

领导者标准的特征，首先表现在它的导向性上。毛泽东和邓小平同志所坚持和发展的马克思主义的领导标准观，使人民的思想解放，激励人们奋发精神，使领导者率领人们，按照生产力发展的规律，不断改善人民物质和文化生活，这一导向才是真正正确而科学的导向。只有这样的导向，才能成为领导主体的凝聚力、战斗力的科学基础。领导者标准的特征，还表现在它的时代性上。生产力之所以成为人类社会发展的最终决定力量，是因为它是不以人们主观意志为转移的最活跃的物质力量。因此，凡是科学领导必然反映生产力发展的客观趋势，从根本上有利于社会生产力的发展。领导者标准的特征也还表现在它的坚定性上。坚定就是要有坚强的意志、坚定的信念、坚固的信约。这里着重讲一下信约，古人云："人而无信，不知其可。"早年间有个书生叫尾生，一次与女友相约在某桥下见面，结果女友没来，洪水来了。尾生君因有"不见不散"之约在前，便抱桥桩子死等，至溺毙。遂有"抱柱之愿"的典故。中国是以"道"为先的社会，历来重"信约"。尾生君虽是愚了些，但对照道义来讲，却绝对是个守"约"的"典范"。比起尾生来，中国历史上以"约"为"俗"而违者并不鲜见。秦末农民起义领袖陈胜早年怀有"燕雀安知鸿鹄之志哉"的愤懑，与诸农民相约"苟富贵、毋相忘"，后来，陈胜果真富贵了，但"约定"之事早已忘在脑后，相反还对过去一起起义的诸兄弟来了个"潇洒大屠杀"，结果连他自己也被车夫予以"首身异处"。密切联系群众，全心全意为人民服务是党章写着的，乃是"为官"者的首要之"约"，可就是有人不习惯这一套，做惯了主人，自然会对群众颐指气使，发号施令。不是为老百姓办实事，而是"庸人自扰民"。尾生抱桥等女友，失掉的是生命，换来的却是言而有信的赞誉。陈胜死于非命，是与其违背信约分不开的。今天，我们共产党人所讲的"信"

和"约"与尾生之约、陈胜诺言相比，不完全是一回事，但从革命事业的大局来说，党的宗旨不能忘记，公仆的准则不能丢掉，领导者的标准不能违背，只有这样才能把党建设好。否则，失却的不仅仅是党在群众中的威信，甚至危及党的前途，这绝不是危言耸听！

六、权力的理性约束

在领导科学的众多理论中，领导权力理性约束论和美国领导科学学者班尼士的理论应引起足够重视。

1. 权力的约束

权力本身也是一种约束力量，也具有约束功能。在不同的社会形态，理性与权力的相互关系表现为多种形式。在科学、民主发达的社会，理性约束权力，带有必然性和普遍性。因为这种社会崇尚理性，尊重科学，尊重真理。科学、真理至高无上，具有最高的权威性，因而一切权力都要接受它们的审视和约束。在愚昧落后的专制社会，理性约束权力则带有偶然性和不确定性。理性与权力究竟谁约束谁，这不是以各自意愿为转移的，而是由各自约束力的强弱对比决定的。如果理性约束力强于权力约束力，前者自然约束

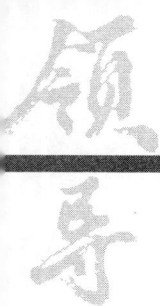

后者。如果理性约束力弱于权力的约束力，前者必为后者所约束。这里的关键是双方约束力的强弱对比。以理性约束权力，实质上是一场"力"的较量。在私有制社会，权力是"强者"，理性是"弱者"，"强权即真理"成为一条普遍通用的社会法则，在这种社会中，以理性约束权力很难成为现实。理性的力量来源于真理。真理本身具有约束力和权威性。就总过程、总趋势而言，真理至高无上，具有最高的权威和最终的决定意义。然而，就具体过程、具体背景而言，真理总是相对的、有条件的。只有在消灭了剥削和压迫的社会主义社会，真理的权威性和至上性才得以充分展示出来，理性约束权力才能成为现实。当然，也不否认，在社会主义市场经济环境中，有时也存在权力横行、真理软弱无力的现象。尽管这只是局部的偶然现象，但若不予以高度警惕，并采取有效措施克服，局部的偶然现象也有蔓延的危险性。因此，必须永远坚持马克思主义真理，坚持以真理约束权力。

2. 约束权力的实现

对权力实现理性约束，需要解决的核心问题，就是克服"权威效应"。为此，就必须提高全民族的理性水平，使人人都拥有真假鉴别力。一是人人认识真理，人人遵从真理。掌握权力的各级领导者要认识真理、遵从真理，时刻以真理约束自己手中的权力。实践证明，只要领导者认识并遵从真理，权力自然会得到有效约束。作为被领导者的广大人民群众也要认识真理、遵从真理。如果真理只为领导者所认识，只可能形成对领导权力的自我约束。只有整个社会成员人人都认识真理，才可能形成对权力的可靠约束。二是人人坚信真理，人人坚持真理。理性作为一种精神力量，只有与敢于坚持真理的人相结合，才能产生强大威力，人人认识了真理，未必人人都能坚信和坚持真理，特别是在真理与权力处于尖锐冲突的情况下，坚信和坚持真理意味着冒犯权力，意味着丢掉"乌纱"。当然，认识了真理而不敢坚信、坚持真理的原因是复杂的。就客观必然性而言，一个人在经济上依赖于人，在政治上就可能依附于人。现实中有这样一个例子，四川省简阳市原市长王善武交了一位"大款"朋友，拿人家的，用人家的，收人家的，手软嘴软志软，在"大款"钞票的引诱下不遗余力地为其"推磨"，直到自视"大款"为高参，言行俨然"铁哥们儿"，完全丢掉了市长的身架，也就是失去了共产党人特有的情操。却不知自己在"大款"心目中只不过是一条温驯的狗而已，"大款"醉后吐真言："简阳谁最大？王善武最大。可我喊他什么时候来，他就像狗一样什么时候来。不信？现场试试。"
果然，"大款"的一个电话便召唤王市长匆匆赶来。
像王善武这样一个共产党的败类，就是在经济上依赖
于大款，那么在政治上也必然依附大款，最终成为有
钱人的走狗。这样的人绝对不可能是一个理性对象化
的人，根本谈不上坚信和坚持真理的问题。因此，要
实现理性对象化，就要在经济上摆脱依附于人的处
境，进而在政治上获得独立人格。如果人人都做到
了这一点，那么，人人坚信和坚持真理就会成为现
实，对权力的理性约束才有可靠的保障。理性对象
化，不仅意味着创造出具有独立经济人格和政治人
格，能够坚持真理、约束权力的理性主体，还意味
着创造出体现真理、正义的法律、制度及其实施保障
系统。这是理性对象化的具体表现，也是理性约束的
实现。

3. 美国领导科学学者班尼士的理论

华伦·班尼士原是个工业心理学家，对工业心理
学很有研究。由于他的研究取得引人注目的成就，从
而使他先后担任过四位美国总统的顾问。他接近高层
领导的个人经历，使他对领导科学产生了浓厚的兴
趣，并对领导科学理论进行了持久深入的研究，他认
为：领袖人物令人印象最深刻的是他们"面对失败

的态度……他们从未想到过失败，甚至不曾用过这个字眼。他们最多提到的是一时'错误'、'闪失'、'粗心'等等词汇"。班尼士相信领导能力可以传授，也可以学习。他还认为，最好的领导者是"能提出创意的人、概念论者"。班尼士领导理论的名言是："管理者把事情做对，领导者是做对事情"。班尼士最欣赏的是丘吉尔的"观念的君王将是未来的君王"这句话。他还认为，领导者是转变组织的人，是一位"社会建筑师"。班尼士说过，成功的领导者具有正面激励的能力，"在一个对学校教师的研究中发现，只要教师对学生持有高度的期望，便能提高学生的智商分数25分"。他在1985年对90位美国成功公众人物的研究中，发现领导者的四种重要能力：一是注意力的管理，是在市场经济条件下，提出一个被别人接受为未来目标的前景。班尼士说："透过前景领导者组建了组织从现在跨越到未来的大桥。"譬如，克莱斯勒汽车公司的亚科卡、美国总统肯尼迪、民权领导金恩。二是信息管理，也就是将远景清晰地传达给组织成员，并且将之转化为行动与成果的能力。这就是为什么虽然卡特总统比里根总统更了解情况，也更深思熟虑，但是，一般人认为，里根还是比卡特成功的缘故。三是信任的管理，班尼士说："信任，是巩固领导者与部属关系的情感黏合剂。"他认为，领导者必须言行一致、立场前后一贯。他以 20 世纪 80 年代后期英国首相撒切尔夫人为例，认为她专注、一致、明确，是建立信任的典型。四是自我管理，自我管理代表坚忍、自知、愿意承担风险、全心投入、接受挑战。尤其重要的是，它代表学习的意愿，特别是向竞争者学习和从失败中学习的意愿。"学习的人不怕失败与错误。培养领导能力，最怕的是早期的成功。"

不要问你的国家能为你做什么，
要问你能为你的国家做什么。

第二章　领导原则

一、实事求是的原则

能否坚持并真正做到实事求是，是我党事业成败的关键。领导者敢于和善于坚持实事求是的原则，直接关系到党的路线方针政策的落实，关系到党群关系的根本改善。

1. 坚持实事求是是我党的思想路线

实事求是是马克思列宁主义关于理论和实践密不可分的根本原则。毛泽东同志运用马列主义的立场和方法，敢于在理论上进行大胆的创造，创立了有中国特色的领导思想。实事求是不仅是马克思列宁主义的精髓，是毛泽东思想的灵魂，同时，也是他所创立具有中国特色的领导理论的核心。毛泽东同志正是从坚持实事求是原则出发，亲自总结出一套科学的思想方法、工作方法和领导方法，成为干部群众手中的认识工具，实现了理论和实践的统一。在全党确立了实事求是，一切从实际出发，理论和实践相结合的马克思列宁主义的思想路线。邓小平同志指出："过去我们搞革命所取得的一切胜利，是靠实事求是；现在我们要实现四个现代化，同样要靠实事求是。"并强调说："二十年的历史教训告诉我们一条最重要的原则：搞社会主义一定要遵循马克思主义的辩证唯物主义和历史唯物主义。也就是毛泽东同志概括的实事求是，或者说一切从实际出发。"因此，我们的各级领导在工作中一定要从实际出发，遵循事物发展的客观规律。做到主观与客观相统一，理论和实践相结合。江泽民同志在十四大的报告中指出："解放思想，实事求是，是建设有中国特色社会主义理论的精髓，是保证我们党永葆蓬勃生机的法宝。""各级领导机关和领导干部要在改革和建设的实践中，把党的路线方针政策同本地区本部门的具体情况结合起来，勇于探索，大胆试验，及时总结经验，创造性地开展工作。"可以看出，我们党的三代领导核心都始终把实事求是作为党的重要原则，坚持用实事求是来指导党的发展。现实中，领导者坚持实事求是应做到：对上对下一致，人前人后一致，言论与行动一致，当官前与当官后一致，这"四个一致"的核心是表里如一。

领导者还应做老实人，说老实话，办老实事。因为，人民群众对领导者总是听其言观其行的，作为领导者一定要坚持党的实事求是的思想路线。

2. 坚持实事求是的两大难点

有些领导者坚持实事求是有时比较难：一是难在有私心的时候。私心是实事求是的大敌，坚持实事求是，必须克服私心。要树立立党为公、执政为民的思想，克服个人主义。不能把心思用在保官升官上，而要用到干事业上。不为个人的名利得失改变客观实际，不取社会现实中于己有利的为己所用。不对党的政策采取实用主义的态度，曲解政策。实际上私字是万恶之源，作为共产党人就要不断地改造世界观，不断地提高思想觉悟。树立一切为公的思想，不能只为自己打算，而应想到广大人民群众的利益，要有一种敢于吃亏、勇于奉献的精神。本位主义是一种放大了的个人主义。在发展市场经济、调整利益格局的条件下，局部利益和整体利益的矛盾越来越多、越来越突出。在这种情况下，要特别注意不能为谋求部门、行业、地方利益而做有损于全局利益的事。二是难在有雄心的时候。雄心是创造的基础，没有雄心就不能成就事业。但这时候，如果把握不好，也是容易出问题的时候，因为，有的人容易发生用热情代替科学，急于求成，图虚名而不务实事，只顾当前不管长远等问题。如果雄心脱离了实际，就会导致蛮干，遭受损失。因此，雄心要建立在科学的现实基础上，按照唯物辩证法的观点，注意强调问题的这一面时，一定要注意到问题的另一面。说到底只有坚持实事求是，才能使事物健康地发展。工作中也要注意发现和创造条件，不放过可利用或经过努力可获得的条件。要准确辨别眼前条件的真假虚实和可利用的空间，始终坚持实事求是。

3. 毛泽东同志是坚持实事求是的典范

唯心主义的领导者在进行决策时，往往是凭个人的感情，凭主观的想象，随意拍板定案。毛泽东同志则反其道而行之，他十分强调，在决策中必须反对主观主义，坚持按照实际情况进行决策。"按照实际情况决定工作方针，这是一切共产党员所必须牢牢记住的最基本的工作方法。我们所犯的错误，研究其发生的原因，都是由于我们离开了当时当地的实际情况，主观地决定自己的工作方针。这一点，应当引为全体同志的教训。"毛泽东同志的这一思想是他一贯倡导的一切从实际出发，实事求是的辩证唯物主义的基本原则在决策工作中的具体运用，是他总结中国革命正反两方面的经验得出的科学结论。1930年，专门写了《反对本本主义》一文，批判那种不注重实际情况的调查，死套马克思列宁主义的本本，不结合中国实际情况的本本主义。在抗日战争、解放战争和新中国成立初期，毛泽东同志一系列重大英明决策都是坚持从实际出发原则作出的。他在一些具体工作决策中也坚持从实际出发，不凭个人感情办事。如1942年8月的一天，在陕甘宁边区政府小礼堂参加征粮会议的一位县长不幸触雷电而死。这件事传出后，有的群众说，为什么雷没有劈毛泽东?! 这话传到毛泽东同志耳朵里，他并没有叫人去追查咒骂自己的人，更没有去抓"反革命"，而是实事求是地向干部了解"骂"的原因，原来边区政府下达的征粮任务重，群众有意见，便借"劈雷"一事发泄不满。毛泽东同志知道原委后，指示有关部门将征收公粮任务从20万担减至16万担。这种坚持实事求是，一切从实际出发，决定工作方针的光辉思想和伟大实践，永远值得各级领导干部效法学习。

4. 实事求是是各项事业成功的基本保证

领导者是否敢于和善于坚持实事求是，客观环境固然很重要，但起决定作用的还是领导自身素质。因此认真学习邓小平建设有中国特色社会主义理论，进一步培养提高领导者的马列主义理论水平，使广大领导者从理论上搞清坚持实事求是的道理和重要性，做到是非明辨，提高分析和处理问题的能力，这是坚持实事求是的关键。认真总结我党历史上正反两方面的经验教训，继承和发扬党的优良传统和作风，使广大领导者进一步认识到，实事求是是各项事业取得成功的根本保证，拿起批评和自我批评的武器，自觉抵制违背实事求是的不良行为。要继续加强党性培养和锻炼，加强全心全意为人民服务的宗旨教育，使广大领导者克服患得患失思想，正确对待名、利，真正做到为了党和人民的利益敢于承担风险，不唯书、不唯上，只唯实。要不断培养和提高领导者改革开放和发展社会主义市场经济的本领，坚持民主集中制和科学决策，增强工作的预见性、系统性和原则性。增强领导者走群众路线的自觉性，搞调查研究不能浮在面上，走群众路线不能停留在嘴上，必须深入实际，扑下身子。

5. 提倡实事求是的领导作风，造成一种良好的氛围

要创造一个实事求是的良好工作氛围，必须以实事求是的原则规范领导干部的行为关系，上级领导和机关要坚决克服好大喜功，切忌"叶公好龙"。有些领导干部，一遇到具体问题，不喜欢真正坚持实事求是的下级领导者，倒是多少有点欣赏和赞许那些弄虚

作假现象，少数领导者对虚假情况与下级领导者心照不宣，甚至串通一气。如果上级领导机关稍有松懈，甚至纵容，则在下级领导者中的虚报浮夸之风就必然盛行。

实事求是是领导者最宝贵、最重要的作风。只有把上面的精神同本地的实际紧密结合起来，创造性地开展工作，才能打开局面展现生机，有所发展有所前进。一项大的任务，就是一个大的系统，包括不同层次的子系统，在大的任务、目标提出之后，必须靠各个重要环节去保证。许多事情虽然决策正确，但实施中往往走样。对具体工作不落实，必然会影响总体任务的完成。只有深入基层、深入群众，才能随时掌握事物发展的进程，及时给予恰当的指导，才能少走弯路，推动事物加快发展。反之，如果高高在上，脱离实际，脱离群众，必然要付出代价，延缓发展的进程。因此，领导者应多深入基层，多接触群众，多干实事；少一点应酬，少一点官僚主义，少说点空话。如果真正坚持实事求是的领导者受奖和重用，弄虚作假的领导者受批评和惩罚，脚踏实地、真抓实干、实事求是就会蔚然成风。

二、坚持授权的原则

授权，是领导者根据需要将自己职权范围内的某些工作派给下级，并赋予其相应的权力、责任的领导行为和方法。是领导活动的重要特点，也是领导者应该掌握的领导技巧。成功的领导者面对纷繁复杂的工作局面，往往抓大事，大量的工作靠别人去做，做到这一点的根本途径就是授权。

1. 领导要善于抓大事

领导者善于抓大事，这是领导坚持授权原则的根本要求。大事是事关组织的发展、带有牵一发而动全身的全局性问题。唯物辩证法告诉我们，抓大事就要抓住主要矛盾，抓住了主要矛盾，其他矛盾就会迎刃而解。因此，作为领导者掌握解决重大问题的决定权，其他问题的决定权则可以充分授权于下属。只要领导者抓住大事，事物的发展就不会偏离方向和目标，下属权力的行使就会促进目标的实现。这就犹如大海中的航船，领导者是舵手，下属是划桨手，舵手掌握了航向，桨划得越快，越能顺利到达彼岸。领导者授权于下属，必须保证下属正确、合理、充分地行使。这就要求下属必须具备行使职权的品质和能力。行使权力具有很强的目的性，即权力为谁服务的问题。优秀者会把权力用来为工作服务，使权力紧紧围绕工作目标而运用。品劣的下属则会把权力作为牟取私利的手段，特别是所授之权得不到有效控制时，腐败现象就会不可避免地发生。而另一方面，能力强者会使权力得到充分行使，工作卓有成效。能力弱者则心有余而力不足，达不到工作目的。品质和能力实际上是德才问题。德才不可偏废，有德无才难担重任，有才无德贻误事业。因此，领导者授权时必须认真考察下属的德才状况，依德才而授权，舍此前提，或者权力被滥用，或者权力运用难以到位。

2. 授权要适度

授权适度是指领导者授什么权、授多大的权必须有一定限度。领导者授予下属的权力必须是属于自己的权力，超出自己的权力范围而授权是无效的。领导者要根据下属的职权范围和下属的品质与能力授权。否则，超出下属的职权范围和能力而授权，必然导致权力关系的混乱和下属力不从心的局面。领导者正确掌握授权的度，不仅可以保证授权的合理性、有效性，还能够促使下属发挥其应有的才能，得心应手地运用权力。授权与控权是矛盾的两个方面，既相互联系又相互制约。授而不控，就是弃权，是对工作和下属不负责的表现；控而不授，就是专断，是下属积极性受到挫伤的重要原因。因此，正确处理授权与控权的关系是十分重要的。领导者在依据下属职权范围充分授权的同时，必须对所授之权实施有效的控制。控制权力要指明下属行使权力的范围，监督下属行使权力的方向，检查下属行使权力的结果，保留收回权力的权力。

3. 授权中的责权利

授权于下属不是简单地授权而已，而是涉及责任、权力、利益三者的关系问题。责权利是相辅相成、不可分割的，责权利的统一表现在保证下属在其位、谋其政、行其权、尽其责、得其利、获其荣、惩其误。领导授权必须向下属明确责任，责任是行使权力的内在动力和保证权力正确行使的约束力，不明确责任，下属就不会忠于职守，更不可能保证权力行使的正确方向。领导授权还必须向下属明确行使权力的过程，没有利益的授权缺乏持久的推动力。此外，授权过程中还应重视对潜人才及部属中具有领导潜力人才的培养和锻炼，采取适当的方法，创造必要条件，授予适当的权力，给潜人才压担子。这样，就可以促使潜人才向显人才的转变。使干部队伍中的大批新人健康成长。当然，授权于潜人才，领导者要加强工作的指导性，勇于承担因工作经验不足出现失误的责任。否则，潜人才或被重担压垮，或因工作失误对自己的能力失去信心。

三、抽身谋大计

现实生活中，有些领导者事无巨细，每天忙忙碌碌，大事抓不住，小事抓不好，领导效益上不去，工作常常处于一种被动局面，上下意见比较大，自己也难为情。有的领导一生中做了许多事，但给大家的感觉始终是从容不迫，应付自如。其道理是："只担任指挥工作，一切事务性工作都交给那些能够胜任的人去做。自己把精力放在计划创新上，一旦计划出笼，又去考虑新的计划。"好多杰出人才也有同感，大都说过："不要去做可以交给别人做的事情。""一个领袖人物应该是机器的设计者而不是机器的制造者。"

声称自己最忙碌的领导，他的下属往往最清闲。美国山大铁路公司总经理斯托雷先生在年轻时，上过一次"劳而无功"的当。那年他才 20 岁，上司派他去测量某处洼地的水深等情况，他带了三名助手，前往工地。他对测量工作已有相当学识和经验，但领导下属工作还是头一回，他以为要使三名助手积极工作自己要先做个样子，于是每天从早到晚亲自料理大小事务，搞得精疲力竭。那三个助手看见这位年轻领导人把什么都处理得十分妥当，就乐得清闲，在旁边喝水聊天。斯托雷做了回傻子，懂得了这样的教训：领导人运用脑子比运用力气要重要得多。从此他改变了工作方针。后来他挑选了满意的代理人，将工作一一安排妥当之后，自己便高枕无忧。懂得只做非做不可的事的领导，还真的要用人不疑，信任部下像信任自己一样。他交给下属工作后，决不再故意察看，只在最后验收工作结果。这样，下属都努力证明自己有能力担负重任，工作效率提高，干得也心情舒畅。而领导呢，正好抽身再谋大计。

忙与乱常常是联系在一起的，作为领导者，怎样通过科学管理，做到忙得合理、忙而不乱，或者说相对不忙是十分重要的。领导者要摆脱工作中的忙和乱，应了解全局，善抓大事。了解全局，是进行正确领导的重要前提和条件，只有这样才能在领导工作中做到有的放矢。否则，在复杂情况面前就会茫然失措，行动必然带有盲目性。工作中出现"忙"，最终导致"乱"是必然的。而在相同条件下，了解全局的领导者，就相对地"轻松"一些，他们指挥若定，挥洒自如，事半功倍，工作卓有成效。善于抓大事，就是说领导者要抓主要的问题。领导者应从错综复杂的工作中，进行分析比较，找出对全局影响最大、最有决定意义的关键性环节，集中力量重点解决。否则，事无巨细，眉毛胡子一把抓，结果常常是事倍功半。强调领导者要善于抓大事，并非可以不抓小事，关键的问题是怎样处理好抓大事与抓小事的关系，把抓小事所用的时间和精力放在一个恰当的"音符"上弹好"钢琴"。一个领导者尽管有较多的知识和较高的才能，但其智慧、能力、精力、时间等仍然是十分有限的。如果经常包揽下边的事情，"唯恐他人不及我尽心"，下级职权范围内的大小事情非得都由自己决定不可。这样，必然要分散自己很多的精力和时间，使分内工作受影响，就很难保证领导工作的最佳效果，也不利于人才的锻炼与成长。领导者要讲究一点领导艺术，要站在一定的高度，不要把宝贵时间和精力花费在一般琐碎的小事上。要少干一些作茧自缚，包办代替抑制人才的事，多一些开明之举。如今领导太忙确是实事，不仅领导们有切身之感，连群众也是这么认为。一般而言，忙是件好事，共产党的干部本来就不是清闲官，群众也不需要清闲官。不过冷静观察时下形形色色的"忙"，发现有些人是真忙，且忙出了成效。而有些人却忙得没有多少道理，忙得不是地方，忙得不在点子上，可以说是穷忙、瞎忙、乱忙。有的是忙应酬，有的是忙迎来送往，有的是忙于开不解决实际问题的会，讲不着实际的官话，反正他们越忙群众越反感。领导者应该善于科学安排工作，合理地支配时间，掌握工作的主动权，做到忙而不乱。否则，工作将缺乏清晰的思路，自然没有预见性。因此，必须注重养成制订工作计划的良好习惯，科学地安排工作。计划是工作的先导，领导者应将所做的工作分门别类，依据事情的轻重缓急，按先后顺序加以排列，有条不紊地进行，切实克服工作中的随意性和盲目性。

作为一个领导者来说，有效地利用时间则更为重要，因为领导者的时间有效利用率，不仅仅是对自己时间的有效利用，而且还包括对下属时间以至对组织整体时间的有效利用。组织指挥相当规模的群体活动并达到既定目标，如果不能充分有效地利用时间，将会造成多数人的窝工，损失是惨重的，如何把自己宝贵的时间真正用在大事上，看起来简单做起来并不容易。要把大块时间用于制定宏观规划和正确用人这些根本工作上。要防止事必躬亲，把一些琐碎的日常事务交给下属处理，这既不会贻误战机，又可大大提高工作效率。对于一个有效的领导，工作总是百业待举，但时间是有限的，因此要合理地支配时间。而有的人往往根据压力的大小来决定事情的先后，哪件事上面催得紧，就先办哪件事。这样，往往把重要的事情挤掉。这种做法是在解决昨天的问题，而明天的事情却被挤掉了。古语道："有所不为，才有所为。"从这个角度看，要敢于抛掉一些东西。确定和安排工作秩序，要重机会不重困难，要选择自己的方向，不要老是跟随别人，要力求有非常规性的表现，而不是只求安全易做，树立无功便是过的新观念。学会"见缝插针"，充分利用零散时间。大块时间未被充分利用固然可惜，零碎时间被白白浪费也不可取。所以要善于零时整用，积少成多。其实，小块时间常常可以做出大文章，一个好的构想往往出自零碎或业余时间。如头脑中随时考虑某个问题，及时记录有价值的构想。听到的意见，还可以利用零碎时间有目的地了解情况。作为领导者，赢得了时间，就赢得了工作主动权。因此，必须强化时间观念，讲求工作效率，养成雷厉风行的工作作风。每干一项工作，就要有意识地使自己处于"紧张状态"，一个小时能完成的工作，决不占用两个小时。今天能完成的事，决不留给明天。搞"疲劳战术"、延长工作时间来求得任务的完成，不是科学的领导方法。这不仅会使人养成慢节奏的工作作风，而且会养成懒惰的工作习惯，久而久之，遇事就会等一等、看一看、压一压、拖一拖，所有这些都是造成领导者工作效率低的主观原因。价值再大的工作，如果用无限的时间去做，其效率则等于零，工作也就没有任何意义。因此，作为领导者，在工作中必须强化时间观念，讲求工作效率。"一个人的一生只有三天：昨天、今天和明天。昨天已经过去，永不复返；今天已经和你在一起，但很快也会过去；明天就要到来，但也会消逝，抓紧时间吧，一生只会有三天"，这是美国夏威夷群岛上的学生，每天上课之前都要念到的一句至理名言。领导者必须时时提醒自己，今天的事情应该今天做，决不推到明天去完成；今天应取得的成绩，决不推到明天去奋斗；今天应获得的硕果，决不推到明天去摘取。正可谓昨日事，今日忆；今日事，今日毕；明日事，今日议。

四、领导者与被领导者

领导者与被领导者和睦共事，是建立在上下融洽、友谊、和谐、同心协力的基础之上的。因此，弄清双方和睦共处的道理，对共同搞好工作有着至关重要的作用。

1. 领导者和被领导者的爱心

冰心老人有句名言："有了爱便有了一切。"爱心，是一种纯洁、高尚的感情。只要你留心观察和体会便发现，懂得付出爱心的人，永远都会快乐，而且活得很有意义。人的爱心，当然首先反映在家庭里，比如爱父母、爱子女、爱配偶、爱兄弟姐妹等。这种爱心的付出，是一种崇高的奉献，绝不期望收到什么报偿，可以说不带任何功利主义的色彩。这种爱心给家庭带来的是轻松、欢快、和谐，以及金钱难以买到的天伦之乐。然而，人的爱心仅仅止于家庭的小圈子是远远不够的。人，都在社会中生活。社会，是人际关系的总和，人群应该相互协调、彼此扶持，才有共存共荣。因此，人与人之间是少不了爱心的。古人云："己欲立而立人，己欲达而达人。"又说："老吾老以及人之老，幼吾幼以及人之幼。"讲的就是人际关系的相互依存性，以及自爱爱人、推己及人的道理。人来到这个世上，如果对人对物毫无爱心，丧失了以仁爱为出发点的感情，不讲亲情、爱情、友情、乡情、人情、悲天悯物之情，终日所想的只是厮杀、格斗、攻讦、构陷……把心机都用在对付别人上，而自己又处处在猜忌、提防着别人算计自己，那将是何等的可悲、何等的可怕！每个人都应该爱别人，帮助别人，使别人生活得更美好。当这样做了以后，爱人者人亦爱之，不望回报却又得到了加倍的回报，得到了人世间最为难得、最为珍贵的真情，你就将从中得到一种无可比拟的幸福和快乐。模范团长李国安同志看到老百姓喝着他和同志们打出的甜水，心里比喝了蜜还甜。虽然物欲的洪水淹没了不少人的灵魂，使有些人的人格变得卑微，但终因有众多爱心的存在，所以仍不乏热心社会公益事业的社会活动家，不乏循循善诱，用温情和怜爱去抚平一些受伤者心灵的教育者，不乏用自己艰难挣得的钱财去资助生活有困难的陌生人，甚至用自己的鲜血或器官去拯救生命垂危者的"雷锋精神"的继承人。这种种爱的付出，发自道义，出自心灵，尽管说不上是什么惊天动地的壮举，但足以使人与人之间变得更加温馨、甜蜜。正如一首歌中所唱道，只要人人都献出一点爱，世界将变成美好的人间。比海还博大的人类爱心，是善的表现，是人类美的反映。作为领导和被领导者都是人民的勤务员，又都是可亲可爱的同志。因此，奠定了爱他人的思想基础，现实中就会把工作更上一层楼。

2. 当好被领导者

领导活动是领导者和被领导者相互作用的过程，被领导者自有领导者所不可替代的重要地位和作用。被领导者是相对于领导者而言的，在社会主义民主制度里，只有绝对的被领导者，没有绝对的领导者。任何领导权力都要在人民群众那里得到"注册"才有其合法性和正义性。从这个意义上讲，那些握有一定权力的领导者，实际上又都是某种条件下的被领导者，扮演着"领导者"和"被领导者"的双重社会角色。被领导者是领导关系的对应方面，领导活动是领导者与被领导者相互关系的矛盾运动。这就是说领导不单纯是领导者的行为，而是领导者与被领导者的互动行为，领导者与被领导者，好比是一枚硬币的两面，没有了这一面，也就不会有另一面。领导者作用于被领导者，领导者一般是从被领导者中成长起来的，领导者的基本素质、领导风格和领导能力，依赖于被领导者群体素质的制约。被领导者群体政治素质、文化素质和道德水准较高，他们中产生的领导者一般也会比较好，正所谓"伟大的人民造就伟大的领袖人物"。人民群众是历史活动的主体，是推动社会发展的伟大动力，是真正的英雄。有效领导，就是领导者的决策能够在实践中由被领导者变为现实。因此，被领导者能否正确领会决策意图，认真贯彻落实决策，直接影响着领导工作的成败。自己出主意自己去干，这是操作；自己出主意别人去完成，这是领导。为了做好领导工作，使领导活动取得更大的社会效益，不但需要好的领导者而且需要好的被领导者。一个好的被领导者，应该有清醒的政治头脑和参政议政的能力，能够与领导者共同把握住方向，脚踏实地地实现领导目标。要有强烈的进取意识。要认识到领导活动是领导者与被领导者的共同行为，不能把自己游离到领导活动成败之外。一个单位的工作若是做好了，对这个单位的所有领导者和被领导者都有好处。因此，做一名好的被领导者，必须要学会思考，学会判断。判断被领导者合格与否，主要不是看他如何说，而是看他如何做，对领导实践起到什么样的实践效果。造就好的被领导者，固然需要被领导者自身的努力，但还有一个重要方面就是需要领导者支持和关心，领导者要摆正自己与被领导者的位置，理顺彼此间关系，积极帮助、启发、教育他们成为好的被领导者。同时自身要不断改进领导方法和领导作风，充分发扬民主，使被领导者敢于讲话，善于工作，勇于创新，取得更大的成绩。

3．被领导者应趋向领导者

被领导者应该全面细致地了解领导者，弄清领导者的工作思路以及待人处事方面的特征，对自己的特点和习惯实行"改造"，去趋向和适应领导者的特征，求得共事思想和共事方法的自然"谐振"，以产生好的共事效果。毛泽东同志的机要秘书高智，随时研究主席在考虑什么，分析什么，需要什么。毛泽东同志叫他，他把可能需要的文电顺手装进口袋里，不少次都猜对了。毛泽东同志称赞他是了解他的人。周恩来的地位和肩负的历史使命，使他养成了严谨求实的特性。喜欢人们对他绝对地说真话、讲实情，非常厌恶看领导眼色行事，不懂装懂，乱发议论。身边的一些秘书，在他的影响下大都养成了一就是一、二就是二的习惯。总理问话，宁可答不上，面子上过不去，却从不信口开河。

被领导者与领导者特征的趋同和适应，主要指的是追求思想和工作上的一致性或近似性。比如领导者是个雷厉风行的人，被领导者就不能够四平八稳，慢慢腾腾地干事情。生活上的趋同和适应也有其必然性，共同的业余爱好，一起谈天论地，近似的生活方式，同样有利于生活上的沟通和工作上的协调。趋同和适应的最终目的是为了领导者共同事业的成功，不是为了个人私利，因而不是要被领导者学会适合上意、巴结献媚、阿谀奉承的庸俗作风。所以，趋同和适应的基点中只能是领导者的优长，而不是弊病，是择其善者而从之。与领导者共事要谦恭虚心，尊重顺从，但不要诚惶诚恐，唯唯诺诺。同领导在一起，要讲究上下彬彬有礼，但不低三下四，垂肩低眉。对于领导者的指示、意见要认真思考，坚决执行，但不能随声附和，曲意逢迎。对领导者的咨询要敢于直抒己见，提出不同的批评与建议，但不要拘泥执著。学会表扬与批评领导者，是敬上而不畏上的具体体现，是密切与领导者关系的桥梁和纽带。表扬领导者曾被认为是"拍马奉迎"，其实不能一概而论。正确地称赞领导者是对领导者的帮助、支持、合作、赞同、友谊的行为。对领导者的称赞可以当面，可以背后，也可让第三者转达。称赞领导者要真诚，实话实说，内容要"少而精",不要言过其实,更不要无中生有或者喋喋不休地东拉西扯,给人以庸俗之感。在现实生活中,批评领导者,有人认为属于"风险行为"。学会正确地批评领导者,虽冒一点风险,却能够得到用其他手段得不到的上下级关系效应,能够得到领导者的真实信任,更有利于共同的事业。当前,说"闲话"、造舆论已经成了一种社会现象。领导者引人注目,容易招惹"闲话"。作为被领导者听到"闲话"不评论,不重复,不传话。如果出于友谊和帮助,需要提醒领导者注意,应换个角度,用启发的方式提醒。不必说清"闲话"的源头与渠道,不把领导者推向特殊的地位帮倒忙。被领导者对于领导者的接待、待遇和生活条件的安排要按规定办,不要离群众太远,让他孤立出来突出起来。被领导者应该做廉政的参谋和助手,尽量缩小领导者与群众的差距,只有这样才能有益于上下关系的稳固和发展。

五、群体思考中注重不同意见的原则

高凝聚力的集体,在议定问题研究事情时,意见容易取得一致,这固然很好。但从一定意义上看,可能存在着影响班子成员独立思考和发挥主动性的问题,在决策时也容易形成盲从和顺从的心境,无形中削弱了集体决策的正确性。因此，领导者正确理解群体思考的特征和产生的原因，重视群体思考中的不同意见，解决容易出现的矛盾，在现实生活中显得十分重要。

1. 群体思考的特征

群体思考是在领导集体的决策过程中产生的，一个凝聚力强、团结协调好的领导集体，不仅具有较好的个体成员素质，更重要的是具有良好的集体品质和集体意志。这样的集体，在决定重大问题、策划和谋略重大方针计划时，往往表现出较强的集体自信心。总的看，他们对事物的分析和判断，对问题的思考和论证效率比较高。但对于集体中的个体成员来说，往往会在思想和心理上产生比较强的集体压力，以至于在说话、办事、处理问题时，小心谨慎，唯唯诺诺，怕破坏和影响集体的团结氛围。有的班子成员习惯"人云亦云"，随声附和。即使自己的意见是正确的，有时也不愿意把心里话讲出来。这样，决策的意见不是来自各方面的启发之后，决策结果也不是在各种不同方案的比较、鉴别中优选出来的。时间长了，造成有些成员不愿或不想提出异议，随意顺从或轻易迎合他人的意见，放弃自己的观点和思想，对集体形成的不正确或尚有缺陷的决议盲目推崇和响应，使决策不可避免地带来较大的盲目性和片面性。在一个内聚力高的集体中，个体很容易获得其他成员的支持，他们也较顺从其他成员的意见，这样的集体往往形成追求主体成员一致的氛围，因此不同意见自然会被提出问题者自己压下去，或被其他人压下去，它不是在积极的斗争中提高团结的质量，而是人为地创造一种"看起来团结"的气氛。主要是受庸俗的人际关系影响，在决策过程中奉行"多栽花、少栽刺"原则，怕出言伤和气，讲不妥影响关系。成员之间，有时也不愿意发表不同意见，因为各人分管一摊，担心越了雷池，别人会说自己肩宽手长，即使决策失误，责任也不在自己，于是便见机行事，特别是见到棘手问题，更是随声附和，不去涉及实质，维护表面上的无原则的团结。一个强有力的领导者，常施加压力要求其他成员遵从和同意他的意见，而很少有人愿意或敢于向一个具有很大权力而且意志坚定的领导者挑战，从领导者来看，有的主要表现为权力性影响力。由于受封建残余观念的影响和不良风气的侵蚀，在一些领导集体内，有时不同程度地存在着"一言堂"或个人说了算的情况。现实生活中，有些单位存在着集体研究做出错误决定，思想上有法不责众的心态，在解决这些问题时，往往板子打不到具体人身上去，这种现象应该引起人们的重视。

2. 要注重不同意见

在领导班子中，由于大家的知识、阅历、经验、认识事物的方法以及观察问题角度的差异，对同一问题往往有不同的看法和认识，这是极为寻常的事，对不同意见处理得好，能增强领导班子的团结与战斗力。反之会加深班子内部的矛盾，减弱其战斗力。领导心理学研究认为，领导者对事物形成了自己的看法和认识后，不管是否成熟或与他人相左，说出来会感到比闷在心里舒畅和愉快。在班子内部能畅所欲言，则觉得享受了自己应享受的权利，尽了自己应尽的责任。失去了这样的条件，人格和权利受不到应有的尊重，心理上就会失去平衡。事实说明，有了不同意见，堵言路不如让人慷慨陈词，背后议论不如让人当面直言。有的领导者担心有不同意见会影响班子的团结。恰恰相反，某些不团结现象，起因并非由于发表了不同意见，而是由于不能正确对待不同意见造成心理失衡的结果。一个人的经验智慧是有限的，有了不同的见解和认识，领导班子成员之间可以取长补短，相互学习对方的知识经验以及观察处理问题的立场、观点和方法，这种互相启示是难能可贵的。许多正确的决策方案，特别是基层的决策，都是领导班子成员根据实际情况，由我一个主意、你一个点子、他一个办法综合而成的，中外历史上都曾有听不到不同意见就不决策的先例。从这一角度而言，没有"七嘴八舌"和集思广益，也就没有科学的决策，用马克思列宁主义的哲学观点来看，"全票赞成"、"一致通过"是相对的，有不同意见才是绝对的。有的领导者担心，有不同意见，会导致宗派主义和小团体主义。诚然，不同意见与这些现象之间并无一条不可逾越的鸿沟。但是，它们往往不是不同意见存在和发展的结果，而常常是错误地对待不同意见所形成的必然结果。有时，两种或两种以上的不同意见之间各执己见，互不相让，并因此形成偏见，难于协调统一。甚至因某些观点和利害关系逐渐形成或明或暗的人际圈圈，你看着我的一言一行，我盯着你的一举一动，只要对方一有口实可乘，便纷争又起。这种情况，也有其两重性。一方面，它不利于领导班子的团结，甚至影响和波及上下左右的关系。不利于提高领导效率，给果断决策和决策的实施造成困难。不利于领导者的身心健康，令人难以心情舒畅地大胆开展工作。另一方面，因有不同意见这种"对立面"的存在，而有利于按照党性原则制订出各方面都能接受的决策方案，有利于遏止不正之风和消极腐败现象的滋长蔓延，有利于各方面都严于律己，谨慎行事。有些领导者一有不同意见就欲调换人马，太简单化，有的领导班子集体决策出现失误或集体以权谋私犯了错误，往往就是由于该班子"铁板一块"，缺乏不同意见的有效制约监督造成的。因此，有限度地允许"对立面"的存在，对领导工作有一定的益处。

3. 争取不同意见的"内部消化"

领导班子中有了不同意见，要力争在内部得到消化，通过过细的思想工作将大家的认识统一起来。一时难以统一的，也应求同存异顾全大局。未做工作就过早过急地将分歧呈报给上级传达给下级，不仅表现了自身的无能，而且会给上下造成不应有的忧虑和混乱。民主集中制是党的根本组织原则，也是领导班子内部处理不同意见之间关系应遵循的基本原则。班子成员在组织和行动上要个人服从组织，少数服从多数，下级服从上级。主要负责人作风民主，不搞"家长制"、"一言堂"，其他领导成员敢于讲话和敢于负责，即使在某些具体问题的认识上有点分歧，也不可随意扩散。有的领导者为使自己的意见"占上风"，喜欢通过非组织渠道向上级汇报以"套近乎"，向下级和群众透露以"争市场"。实践证明，这样只会扩大分歧，加深矛盾。当不同意见通过争论、交锋，正确意见已形成决议并付诸实践，错误意见者已不再坚持己见或虽保留意见但行动上服从组织的决定时，也不能随便散布决议形成过程，更不能指名道姓地泄露至众。有的人爱将领导班子讨论的问题，谁赞成，谁反对，直接间接地透给有直接利害关系的人，打击别人抬高自己，这是一种不道德的行为。领导班子成员，思想上相互沟通，工作上相互支持，生活上相互体贴，肝胆相照，荣辱与共。一人进步，大家祝贺。一人有过，众人关心。即使有点小的摩擦和碰撞，也不应外露。有些领导班子纪律不严，无密可保，会议刚散路人已知，会上不说，会后乱说，以讹传讹变调走样，使本来不大的矛盾逐渐加深了，这种现实的教训应吸取。

4. 处理不同意见的"方圆艺术"

美国人卡耐基说道，人格成熟的重要标志：宽容、忍让、和善。作为领导者处理不同意见时，应正确地运用这些道理，在处理具体问题时，应注意掌握好一定的尺度。"方圆艺术"即原则性和灵活性的有机结合。第一，从不同意见的性质来看。有的科学正确，全面深刻。有的浅薄无知，错误片面。有的正确之中含有片面的成分，有的错误之中又有合理的因素。对科学正确、全面深刻的不同意见，善于从中学习"人到己所未到"、"人道己所未道"的东西。对认识肤浅、错误片面的不同意见，指出而不指责，帮助而不讥讽，善于以情感人，以理服人。对正误相杂的不同意见，善于去粗取精，去伪存真。当然，不同意见的正确与否，既不能以提意见者的主观意志为转移，也不能由听意见者的兴趣喜好来决定，而必须通过社会实践的检验。第二，从提不同意见者的主观动机来看。有的出于诚心，有的含有恶意；有的出于公心，有的来自杂念；有的发自内心，有的出于虚伪。对出于诚心、公心、内心的正确的不同意见，应诚恳接受。有的虽出于诚心发自内心，但意见不对，应婉言解释。对虽动机不纯但看法可取的不同意见，可以接受。对别有用心的错误意见，则应坚持原则，开展批评包括必要的斗争。第三，从提不同意见者采取的方式方法来看。有的委婉温和，有的言词激烈。有的直抒己见，有的欲言又止。有的呈于当面，有的议于背后。有的口头表述，有的见诸笔端等。采纳正确意见不计较方式、方法、态度，是领导者应有的气度和胸怀。意见错误而又方法不妥，甚至采取不正当手段迫人就范，不但不能接受而且要进行反批评。第四，从不同意见的代表性来看。有的仅是领导成员个人的看法，有的则反映广大群众的利益和呼声。有的是孤立的个人，有的有同情者支持者或有一定的社会背景。个体的正确意见要尊重，具有广泛群众基础的正确意见，更应反映到领导班子的决策中来。少数人的错误意见要引导，具有复杂背景的错误意见更不能掉以轻心。第五，从领导班子成员的相互关系来看。有的一般只说官话，有的亲近推心置腹，有的疏远存有戒心。亲近者正确的不同意见固然应该听从，但疏远者的正确意见也不应因人废言。亲近者的错误意见应严以拒之，疏远者的错误意见则应耐心说服。有的领导者反其道而行之，以"关系"作为判断意见对错的标准，亲者不对也对，疏者对也不对。串通亲者以对付疏者，这是处理班子内部不同意见的大忌。

5. 把握不同意见的"上传下达"

有不同意见便满城风雨，当然有损于班子的形象，不利于工作的开展，但是，当矛盾发展到一定程度甚至发生质变时，仍"包包裹裹"、"家丑不可外扬"也是不科学的。领导者不但要力争一定条件下使不同意见在内部消化，同时还要慎重把握好一定条件下不同意见的"上传下达"。一是严重影响领导班子的团结时，因不同意见的存在、发展，造成人们思想混乱，关系紧张，工作难于开展，领导班子的整体功能受到严重削弱时，应实事求是向上级领导汇报并请求出面干预，必要时可采取相应的组织措施，以迅速扭转被动局面。二是错误意见长时间占据主导地位时。如决策出现重大失误，执行党的路线、方针政策和国家的法令法规存在严重偏差，领导班子成员中违法乱纪行为难以处理或已超出自身权限时，应向上级请示汇报。在下级和群众中造成混乱的，应向他们说明真相，分清是非，明确责任，以正视听。三是重大问题难于决断时，如在关系全局的发展战略，人才培养和重要干部人选等问题上，领导班子中出现不同的意见并感到"拍板"无把握时，可在不涉及领导班子具体成员的情况下将方案公之于众，再次向有关专家和广大群众征求意见，以求决策更贴近于实际。四是领导班子自身无力解决时，因不同意见导致矛盾较深，成见较大，通过工作仍无转变，领导班子集体包括主要负责人都感到力不从心，无法驾驭，甚至矛盾的焦点就在党、政一把手身上，应请求上级出面帮助解决。在下级和群众中造成一定影响的，待问题有了结论时，也可采取适当方式做些补救工作，以统一人们的思想和认识。领导班子内部的不同意见，从内容到形式，都是多种多样的，不同的问题、不同的角色、不同的认识水平、不同的利害关系都会引出不同的意见，因此，处理的方法艺术也不是一成不变的。领导者应从实际出发，灵活巧妙地加以运用。

6. 克服群体思考的负面效应

群体思考常常会导致思想束缚和误差，使集体不能实现它的全部潜能，错误的或不正当的决策，还直接影响整个领导集体的工作成效。所以，必须通过各种途径避免和克服这种现象。要优化思维方式，确立主体意识。经验思维已日益不适应改革开放的不断深入和新问题层出不穷的客观要求，因而必须不断扩大思维空间。就一个高凝聚力的领导集体而言，在思维上应该不断地突破"我们"、"我的"束缚，通过优化思维模式，从根本上提高是非的能力，减少决策的失误的概率。对于领导集体的每个成员来说，要通过思维方式的优化，确立真正主体意识和角色位置。思维方式的改进，要拓宽视野。多方面准确及时地获取信息，掌握相关知识和实际情况，并善于从多种方案中比较优选，真正做到在反复讨论中，包括争论中做出比较接近实际科学可行的决策。照顾全局确立思维的系统性。领导集体决策讨论的问题，通常都是带有全局性的问题，这就要求决策必须从总体上多角度把握事物及其与它事物的联系。所以，系统的观点应该是决策核心。善于打破常规确立思维的求异性。一般说来，人们在一个单位或一个岗位上工作时间长了，处理同类问题多了，容易形成自己的思维定式，从积极方面讲，它有助于思维活动简单化和线性化，特别是对规范性决策来说，比较迅速和准确。但运用不当，也会禁锢思维，表现为僵化保守和惰性，照搬照抄。强化民主意识，广泛听取意见。实践证明，领导集体生活中的民主风尚如何，对群体思考起着较强的制约作用。决策的科学化离不开民主化。作为一个领导集体的"主角"，在研究探讨问题时，就不应随便表现自己的思想、观点或自己希望达到的目标。因为他一旦表明态度，很可能会使许多不同但却很好的意见不敢表露。特别是一个凝聚力很强、团结协调很好的领导集体的领导者，更应有较强的民主意识。因为一个民主作风好的领导总是尽可能地听取他人的意见，特别是与自己不同或相反的意见，把自己置于集体之中，集思广益，博采众长，从不自恃职务高而表现优越性。在这样的领导者的带领下，随时可见生气勃勃的主动精神、创造精神，形成畅所欲言、敞露胸怀的宽松环境。平时关系融洽，讨论问题气氛热烈，成员也不会因为种种原因而前思后虑，左顾右盼，而是凭着责任感和才智，为正确的决策不懈努力。作为领导者，还应该鼓励成员之间对已经提出的意见表示怀疑或反对，社会心理学家斯坦奈指出，领导者"创造一种气氛，使掌握正确答案的少数人愿意或甚至感到必须说出答案并加以解释"。领导者要尊重持有不同意见的人，并认真考虑他们意见中的合理性。民主集中制是我们党的优良传统。在新的历史时期和改革开放的客观形势下，更应把它发扬光大。而对一个高凝聚力的领导集体来说，这种制度不应该仅仅局限在坚持上，而要看对这项制度维护并实施的质量。良好的决策程序正是这一制度的具体体现。如果没有一个良好的集体决策程序，很难做到对民主集中制的认真执行和正确把握，尤其在决定重大问题时，领导集体更应该强调这一点，通过决策程序的优化，达到领导集体最佳能量的释放。

六、领导者应"限制自己"

增强自控能力，学会"限制自己"，是一种可贵的自律精神。唯物辩证法告诉我们，事物原本"两极相通"。好与坏、对与错往往相连。任何矛盾的两个方面，无不在一定条件下向自己的对立面转化。在领导干部廉洁自律方面也是如此。领导干部如果放松对自己世界观的改造，放松对自己的严格要求，对个人的欲望不注意"限制"，就会栽跟头。不在小的方面"限制自己"，就会在大的方面出问题。因此，领导干部应把"限制自己"作为一条重要的领导原则来遵循。

1. 限制自己是领导干部的自律精神

在认为"情有可原"时，要注意"限制自己"。领导干部手中都掌握着一定的权力，地位高了，容易听到赞歌。权力大了，容易得到实惠。待遇好了，容易养尊处优。因此，以何种姿态对待下级和群众的体谅照顾，处理好"情有可原"的事情，特别能体现一个领导干部的纪律观念和廉洁自律的表现。如果自认为理所应当，心安理得，甚至去攀比去追求，私欲就会膨胀，就会犯错误。如领导干部经常帮助群众解决一些实际困难，有人出于热情，可能会对你"表示表示"，这时要自觉想到，权力是党和人民给的，只有履行职责尽义务的权利，而不能以权谋私，把权力商品化。在个人生活待遇方面，不比车子豪华，不比房子气派。而是要时刻牢记革命理想和党的宗旨，增强公仆意识，不利用职权和影响，谋求制度规定以外的特殊照顾。在无人监督时，更要"限制自己"。党的纪律是建立在高度自觉基础之上的，光靠强制很难保证一个人不犯错误。有的同志往往在公开场合、集体活动中，在有人监督的时候，能够按章办事，严格要求自己，而在远离组织、无人监督的时候就放松了对自己的约束，放任自己，结果犯错误。领导工作具有相对性、独立性，应自觉遵纪守法、"慎独"处事，是保持廉洁防止腐败的关键环节，也是对领导干部党性观念的检验。因此，领导干部无论何时何地，无论环境条件怎样变化，都要自觉遵守纪律和制度规定，不能向权力、金钱、女色伸手。在个人成长顺利时，也要注意"限制自己"。古人云："路当坦处亦防倾"。一般来说，人在逆境比较谨慎，因而也会平安无恙。而在顺境中，则容易麻痹骄傲，容易出问题。有的领导干部有能力有干劲，工作上成绩明显，上级信任群众满意，赞美之声不绝于耳，于是飘飘然，放松了对自己的严格要求，向组织要名要利。所以，愈是个人成长、进步顺利的时候，愈是要保持清醒的头脑。要经常联系思想实际，不断进行世界观的改造，经常回顾自己的成长经历。珍惜手中的权力，珍惜自己的历史，珍惜党和人民给予的荣誉。要经常自觉地约束个人的欲望，把心思放在工作上，对自身的缺点错误，要严于解剖，勇于纠正。唯有如此，才能永远立于不败之地。

2. 领导者应制怒

作为领导者，要切忌发怒。盛怒之下成事者少，败事者多。人在失去理智的情况下，作出的决定很难保证正确。同时，经常情绪紧张，不仅会影响自身的健康，而且也容易伤害对方的感情。作为一个领导者，为实施成功的领导，头脑应该是清醒理智的，要充分认识易怒的危害性，加强制怒修养。领导者切不可为一些鸡毛蒜皮的小事，无关紧要的小节，动辄发火。更不可掺进个人恩怨，假公济私，对那些曾经与自己有过某些私怨的人，抓住一点，横挑鼻子竖挑眼，泄私愤图报复，大动肝火。这样做的结果只能有损领导者自己的形象。发火动怒是感情冲动的一种表现形式，有可能会出现某些失态的言行。但人是有理智意识的，可以控制自己的言行，避免过激、过火言行的出现，做到怒气再大，也不要失态。在处理发怒情况时，应该平心静气。当与对方发生争执时，首先降低自己说话的声音。因为声音对自身的感情产生催化作用，声大导致冲动起来的感情更为强烈。其次是放慢语速，因为一旦个人感情掺入后，语速就变快，易引起感情冲动。一旦发生争吵，切记免开尊口，因为在争吵的情况下，往往失去理智，在这种情况下，说理是毫无用处的，最好办法是倾听，让别人把话说完。愤怒情绪的特点在于短暂，气头过后，矛盾就易解决。当你很难说服对方时，闭口倾听，会使对方意识到你对他的观点感兴趣，可削弱和避开对方的气头，气头一过，就可风平浪静。人在发怒时，大脑皮层出现强烈的兴奋点，造成意识狭窄状况。这时，强制自己不听对方激烈的言辞，可以达到转移注意力的目的。春秋时，蓝田侯王述性格暴烈，但注意自控，轻易不为旁人激怒。一次，一个名叫谢无奕的人，气势汹汹地骂上门来，大吵大闹，当着王述部下的面，说了很多难听的话，但王述强压性子，默默地面壁而立，一声不吭，直到谢离开。在这里王述是运用转移自己注意力的方法，以免自己的情绪被激化。对领导而言制怒的关键在于加强自己修养，一旦冲动时，内心估计一下后果，充分意识自己的责任，将自己理性升华到理智、豁达的程度，就能控制自己的心境缓解紧张。合理的让步，不仅对事情大有益处，也会赢得别人的尊重，正所谓"退一步天宽地阔，让三分心平气和"。

3. 领导拍板四忌

无论从事什么工作，只要担负一定的责任，就有一个"拍板"的问题。美国著名管理学家西蒙曾断言："管理就是决策"。领导干部要提高决策科学化水平，保证管理活动卓有成效，在"拍板"时，就要注意。一忌缺乏恰当的目标。目标是一切决策的依据和出发点。因此，任何决策提出的目标都应是明确的，合乎主客观要求的。二忌缺乏准确的信息。信息流通量正以高速度在增长，知识更新越来越快。世界正处在社会生产力由工业时代向信息时代转变的时代，不少权威人士称：谁先拥有全面准确的信息，谁就拥有发展的主动权、"制空权"。决策离不开信息，因为信息是决策的基础和重要源泉，没有信息就不可能作出正确的决策，在信息的把握上，还必须做到及时、准确、全面。否则就会出现判断失误，使决策偏向，贻误战机。三忌缺乏效益评估。决策必须在多个预选方案中追求最优化，选择实现目标的最佳方案，以求代价最小，副作用最少。没有比较、没有效益评估，就没有科学的决策。领导科学中有一种叫"霍布森选择"的决策，指的就是只有一种方案而没有选择余地的决策，说的是 17 世纪英国剑桥商人霍布森卖马，声明允许顾客挑选，但附加一个条件，只允许挑离围栏最近的那匹马，这实际上等于不让人挑选。科学的决策强调进行反复的比较、鉴别和论证，广泛听取方方面面的意见，从中选出最优方案或"满意"方案。四忌缺乏后果预测。预测就是对客观事物未来发展的一种预见，它是决策的前提。现代社会科技与经济高速发展，社会生活各方面急骤变化和激烈竞争，使决策的内容更为复杂，迫切要求决策者解决对象的发展趋势、时空条件、影响后果等，方可避免决策的失误。

伟大的品质是与生俱来的，它不仅具有直接的，而且具有一种持续的，不断发展和永不消失的力量。

第三章 领导素质

一、领导者的素质

领导素质是领导者进行领导活动所应具备的内在基本条件，是领导者先天本质与后天修养，生理条件与心理因素在德、才、学、识诸方面的水平与特征。领导素质的高低，关系着领导活动的成败。

1. 领导素质必须与领导岗位的要求相适应

领导者工作在不同的领导岗位，处于不同的领导层次，担负着不同的领导责任，所具备的领导素质也应该有所侧重，应该服从于领导岗位的需要。有的领导岗位需要较高的理论素养和政策水平，有的领导岗位需要有广博的知识和较强的组织指挥能力。有的领导者担任党务工作比较适宜，担任行政领导就不一定完全适应，反之也是一样。此外，不同的领导职务，对领导者的智能、气质、年龄、身体等素质的要求也有所区别。但是，无论怎样不同，领导者的素质必须与自己所处领导岗位的要求相适应。否则就难以成为合格的领导者。领导者的目标志向，制约影响着领导者的自身素质，高素质的领导者往往有两个重要的特征。一是人生志向远。大凡杰出的领导人物步入人生旅途之初，就具有志存高远的个性特征。二是事业目标高。具有良好素质的领导者在追求事业上，认准的目标决不放弃，决不改变，即使遇到艰难困苦，遭受打击和误会，也不气馁、不灰心。在现实生活中做到任劳任怨是不容易的，任劳有时还能做到，任怨做起来就十分困难，而对于误会接受起来就更难。刘少奇同志在《论共产党员的修养》中说："世界上完全不被别人误会的人是没有的，而误会迟早都是可以弄清楚的。我们应该受得起误会"。因此，作为领导者真正做到任劳任怨，是要经得起误会的。对于认准的目标不管别人说什么，不管遇到什么样的打击都要走下去，直至取得成绩。领导者的行动策略实际是领导者思维素质的反映。首先，精明的领导者在领导活动中，把客观环境看成是动态的多因素的系统，坚持从实际情况出发，处理问题和矛盾。为了实现目标，有时会有某些舍弃，会有一些迁就，甚至会有暂时让步或退却。其次，在行动目标和决策方案的确定上，明智的领导者善于进行反复分析和比较，审时度势，权衡利弊，知己知彼，全方位考虑问题，把握主客观条件，从中作出最佳的选择。再次，在行动决策的实施中，成功的领导者常常会不断进行修正，不断进行补充，不断进行完善。他们具有集思广益、择善而从、知错就改的气度和作风，不固执己见，不抱残守缺。领导者的威信，很大程度取决于自身的道德品质和政治素质。严于律己，是维护良好形象、树立威信的重要条件。

做一个好的领导者，最重要的一条就是要具有公仆意识，其行为规范必须符合人民公仆要求。这决定了领导者在精神情操上，自觉具备坚定的社会责任感和义务感，保持崇高的思想境界，追求美好的理想不动摇。乐于为社会服务，为群众办事，为百姓排忧解难，为人民谋利益。勇于改革创新，开拓进取，献身推动社会进步和促进经济繁荣的事业。这种以公仆意识为中心的社会责任感和义务感，要求领导者具有在利益面前先人后己和大公无私的鲜明态度。在大是大非面前实事求是、坚持原则、敢于负责的坚定立场。在艰难困苦、危难时刻甚至是生死考验关头那种正气凛然、义无反顾的大无畏气概。

2. 理论素质的高低制约着领导素质的高低

理论素质是指应用马克思主义的基本理论去分析

问题、研究问题和解决问题所显示出来的理论水平。理论是路线、方针、政策的基础。只有认真学习和掌握马克思主义理论，才能在实践中提高执行党的路线、方针和政策的自觉性，从而加强领导工作的原则性、针对性、预见性和创造性。有人把当官与做学问完全对立起来，似乎二者是"鱼与熊掌不可兼得"。当官与做学问，二者当然不能简单地等同，但二者也并非互相排斥。它们的各自不同的内涵，在为人民服务这一点上统一起来了，在要有真才实学、要有真本事这一点上统一起来了。一个担负一定领导职务的官员，如果知识渊博，勤于学习，那么在作决策时思路就比较开阔，常常会避免一些不必要的失误。一位学者出身的官员，由于站得高，眼界宽，对实际情况了解多，和群众保持着密切联系，这给做学问、搞研究也提供了便利条件。诚然，二者也有矛盾之处，当了官，不可能拿出全部或主要时间来做学问、搞研究，对某些专业性很强的学科，要作系统、精深的研究也比较困难。但是只要有决心、有毅力善于统筹安排，能够利用业余零星时间，摆脱那些不必要的"应酬"，那么，抽暇钻研一点学问是完全能够办到的。领导干部勤于学习，多做学问，用知识丰富自己，不断提高文化和专业素质，也是责任心的表现，对做好领导工作极有好处。一个干部如果不读书，不看报，不学无术，孤陋寡闻，无论如何是做不好领导工作的。如果领导干部多学点和业务有关的专业知识，直接好处更大一些。有些人原有某种专业特长，一直没有荒废，业余仍然辛勤耕耘。即使同分管的业务无关，也很有好处，至少退下来后，可以做学问，专心研究专业，不会感到寂寞和失落，其乐融融，何乐不为。

3. 能力素质高低制约着领导素质的高低

能力素质是指领导者从事领导活动、实现领导目标的本领，是领导者的知识、智慧和经验的综合体现。能力素质，是领导者素质的核心。领导者应具有统御全局和预见的能力。现代领导者只有树立全局观念，才能在大局中把握局部，做好本系统本单位的工作。预见能力是根据已经认识和把握的客观规律，在对大量的事实进行科学分析的基础上，对未来的事物作出高于现实、超前于现实的科学预见的本领。随着社会的发展，随着生产力和科学技术水平的极大提高，现代领导者要作出正确的预见，仅仅依靠过去的经验和办法是远远不够的。现代社会的复杂性、多变性、随机性和竞争性，比以往任何历史时期都剧烈得多，领导者不仅要有渊博的知识和决断的魄力，更重要的是要具有面向未来的战略眼光和科学的预见能力。要有综合思维能力，思维是理性认识的活动。当今社会事物瞬息万变，领导者的思维能力应具有敏锐性和综合性的特点。领导者的思维应该是思路开阔、反应敏捷、应变果断、多谋善断，是一种创造性的思维。这种思维是理性的、动态的、多向的，而不是僵硬的、静止的、单一的。改革开放中，新情况、新问题层出不穷，没有现成的方法可寻，又不能凭过去单纯的经验思维来进行决策。因此，领导者必须自觉地更新思维方式，提高理性思维能力，把经验思维和理性思维结合起来，做出科学的决策，得出科学的结论。要有组织协调和综合运筹能力。组织协调就是把领导活动中的各要素有机地结合起来，围绕活动目标进行统一的安排和调整，以达到相互沟通、合理配合和衔接。组织协调贯穿于领导活动的始末，是领导者必须具备的一种能力。这种能力是由科学的思想方法、合理的知识结构、实事求是的工作作风、果断的决策能力和丰富的实践经验等综合而成的。领导者应根据领导活动的目标，在调查研究的基础上，系统地分析构成领导活动的各个部分、各个环节的状况，以及它们对实现领导目标的主次关系，以做到胸有全局，进而在运行中及时抓住那些影响全局的关键环节着力协调。这就要求领导者具有很强的综合运筹能力，按照轻重缓急，有计划有步骤地做好协调工作。

开拓精神和创新能力，是领导素质中最有活力的要素，是优秀领导者的重要条件。从某种意义上说，领导就是创造，没有创造就不能称其为领导。创造性不强，就必然是一个平庸的领导者。尤其在当前的改革开放中，我们正在走前人没有走过的路，做前人没有做过的事，必须具有开拓精神和勇于变革的锐气。思维虽然离不开实践经验，但思维生命力却在于创造。创造的重要条件是以经验为借鉴，同时又对经验发起挑战。要在现实的基础上，对已有的结论不盲从、不轻信，敢于提出自己的疑问。对不正确的结论，要敢于批评与否定，勇于提出新的理论、新的思想，并使其接受实践的检验。在别人所不敢想或未曾想到的领域中，研究新情况，解决新问题，开辟新天地，闯出新路子。

我们的民族传统文化中沉淀着一种容易知足的成分，有些人缺少目标，缺乏动力，不愿出头，不好竞争，小注即溢，器小易盈，安分守己。这固然淳朴、敦厚，有利于稳定，但不利于民族发展和社会进步，作为领导者必须具备创造力，只有这样才能带领大家前进，只有这样才能推动社会进步。妨碍创造力的三大敌人是畏惧、过分自谦和懒惰。畏惧会磨灭想象力和独创精神。过分自责、谨小慎微、缺乏自信心，往往使创造思想难于萌发。懒惰将会一事无成。因此，

要创造，必须具有勇敢精神。正如马克思说的，在科学的入口处，正像在地狱的入口处一样，必须提出这样的要求：这里必须根绝一切犹豫，这里任何怯懦都无济于事。只有勇敢的人才能进入创造的殿堂。有独特见解，也需要勇敢。只有胆略宏大、甘愿冒风险和有献身精神的人才能进入创造者的行列。具有勇敢精神，能在创新路程上迈开第一步并走到底，还要有顽强的意志。创新路途充满荆棘，困难重重，没有顽强意志，就会使创造半途而废。只有不畏劳苦沿着陡峭山路攀登的人，才有希望达到光辉的顶点。创造是艰苦的科学劳动，必须有科学的态度和方法。科学态度就是坚持实事求是的原则，尊重客观规律，不蛮干。特别是要善于把中央的方针、政策同本地区、本部门、本系统的实际相结合，创造性地工作。在实践中形成新思想、新理论，最主要的是勇于在实践中探索、总结、提高。领导者还要善于把创造性思想变成组织和集体的共同目标。

二、领导干部应不断提高理论思维能力

领导干部特别是中高级领导干部素质的高低，决定着领导班子功能的发挥，关系着领导活动的成败。而领导素质的高低很大程度上又取决于领导干部的思

维能力，因此不断提高领导干部的思维能力有着重要的现实意义。

1. 理论思维能力的提高是领导干部能力的重要体现

领导工作是一种创造性的劳动。在领导活动的过程中，要求领导者发挥主观能动作用，进行综合性创造，具有创造性思维能力。一个领导者要领导群众去从事创造性活动，必须有自己的理论、目标。用比较明确的思想来指导行动的方向，这种思想的内核就是理论。没有正确的理论来指导，就会使事业走上歧途，同样，就是有了正确的理论，如不能把握本质，不能变成自己的理论思维能力，而是机械地照抄照搬，就会导致行动的盲目性。由此可以看出，领导干部的理论思维能力在领导活动中起着至关重要的作用。"领导的本意就是走在群众前面为群众带路，指明正确的前进方向，如果领导者不能认定和坚持正确的路线方针政策，就谈不上带领群众胜利前进"。带领群众前进，首要的问题就是要坚持正确的政治方向，现实生活中有的领导干部理想信念淡薄，脑子里政治这根弦绷得不紧，有的甚至是非不辨、美丑不分，这都是很危险的。前一个时期，江泽民同志反复强调：领导干部特别是高级干部一定要讲政治。讲政治，对共产党人来说任何时候都要坚持。实践证明，政治上坚定就是要坚定地走中国特色社会主义道路，坚决听党中央的指挥，无论出现什么情况，遇到什么风浪，都能与党同心同德，保持高度一致。只有这样才能路子明，方向正。

创造性思维能力是每个具有健康大脑的人都具有的一种能力。但是，这种能力并不是每个人都能发挥得很好，现代领导者要正确和不断提高创造性思维能力，必须掌握正确的方法去学习去创造。为政越出色越要不断地学习，作为一名领导干部，一定要不断提高思想理论水平和精神境界，面对改革开放这场深刻而伟大的历史变革，在改造客观世界的同时努力改造主观世界。从而加快思维的速度，拓宽思维的广度，提高思维的深度。

2. 理论思维能力的提高是领导干部指导好工作的关键

领导工作往往是按照从实践到理论，又从理论到实践这样的程序开展的，这是一个不断完成、总结、升华的过程。如果一个领导干部只知"行"而不善"思"，或者重"行"轻"思"，重实践轻理论，都不会提高领导干部的思维能力，毛泽东同志在《实践论》中指出"论理的认识所以和感性的认识不同，是因为感性的认识是属于事物之片面的、现象的、外部联系的东西，论理的认识则推进了一大步，到达了事物的全体的、本质的、内部联系的东西"。他把认识即思维分为低级和高级两个阶段，认为"在低级阶段，认识表现为感性的，在高级阶段，认识表现为论理的"。"感觉只解决现象问题，理论才解决本质问题"。从领导水平来说，那种只重"实干"只重感觉的思维，只能属于低层次的不成熟的领导者，而只有具备了一定理论思维能力的领导者才是有能力和成熟的领导者。理论思维是领导实践中自觉有目的的创新和总结过程，是把理论自觉运用于实践的过程，是理论与实践相统一的过程。作为领导干部要注意观察、分析问题，见微知著，把握全局，在纷繁复杂的形势下明辨是非，防止只埋头日常琐碎工作，陷入事务主义。现实生活中，可以看出一个领导者的成熟主要体现在理论思维能力的成熟上。那种"上级步亦步，上级趋亦趋"式的机械执行，那种对别人的经验和做法的刻板摹仿，而不是把上级的路线方针政策通过实践转化成自己的理解，不是把自己在领导工作中得到的感性认识升华到理论认识，就很难成为一个合格的、成熟的领导干部。

3. 理论思维能力的提高是理论和实践相结合的保证

坚持理论联系实际，就要学习和掌握马克思主义的立场、观点、方法，并把这作为观察国家和社会命运的工具。运用马克思主义的望远镜和显微镜，不断提高对社会历史发展的重大事件的洞察力和判断力，增强工作的预见性、主动性和自觉性。坚持理论联系实际，就要使自己成为懂得马克思主义战略和策略的战士。一个成熟的领导干部能够把自己的战略思想和战术思想建立在辩证唯物主义和历史唯物主义的基础上，把原则性和灵活性结合起来，并很好地加以贯彻落实，在贯彻执行中，还要根据客观实际的变化，作出必要的政策调整，坚持理论联系实际，坚持马列主义的普遍真理同中国的具体实践相结合，就要注重研究现状，注重研究历史，树立好的学风，好的作风，好的文风。坚持理论联系实际，就要娴熟地掌握马克思主义的领导艺术，善于把党的路线、方针、政策变为群众的行动。做好群众的思想政治工作，做到宣传群众、组织群众、动员群众，让群众认识自己的利益，并且团结起来，为国家的利益而奋斗。我们必须充分认识到，群众路线是我们各级领导干部正确决策的根本保证，要以"人民满意不满意"、"人民高兴不高兴"作为做好工作的准则。决策应依靠群众智慧，就连封建社会、资本主义社会的一些统治者也相当重视，所谓"以天下之目视者，则无不见，以天下之耳听者，则无不闻，以天下之心虑者，则无不知"就是指的这一点。领导者的"主意"、观点、决心主要来自群众，但这种来自群众的途径并不是群众个体意见的简单相加，而是对群众经验、智慧进行有机综合，融会思考、上升到理论高度后，把它变成群众的真正智慧，变成领导的决策，然后到群众中去，成为群众实践的依据。如果领导干部没有理论思维能力，就不可能吸取群众的真正智慧，不可能把党的群众路线坚持得很好。

因此，领导者要提高自己的领导水平，就必须高度重视理论思维能力的培养，有了理论上的清醒和坚定，贯彻执行党的基本路线才能更全面更自觉。如果我们的每一位领导干部都拥有自己所担负的领导工作任务相称的理论思维能力，那么我们的一切领导行为就会更有计划性、目的性，决策就会更科学，更符合群众的意愿和要求。

三、做一个成熟的领导者

建设有中国特色的社会主义，必须培养和造就一批成熟的领导者，特别是党和国家的大批高中级领导干部。这是摆在中国共产党人面前的一项重大战略课题，党和国家的各级领导干部，都要为解决这个重大课题作出不懈的努力。一个成熟清醒的领导者，应该做到以下几个方面。

1. 坚持正确的政治方向

领导干部一定要讲政治，这是成熟领导者的一个重要体现。坚持正确的政治方向，就是要坚持邓小平同志建设有中国特色的社会主义理论和党的基本路线，坚定不移地走中国特色的社会主义道路，为实现四个现代化的宏伟目标作积极的贡献。领导干部要树立共产主义人生观，把为人民服务作为自己的天职，正确对待人民赋予自己的权力，把这种权力视为为人民服务的责任，而不能当成牟取个人或小集团私利的手段。全心全意为人民服务的高尚品德，是一个成熟的、合格的领导者的本质特征，它在很大程度上决定着领导者的其他素质。有了这种为人民服务的高尚品德，才能坚持任人唯贤，搞"五湖四海"，反对任人唯亲；才能豁达大度，听得进不同意见，坚持真理，修正错误；才能充分发扬民主，亲密团结同志，关心群众生活，注意工作方法，谋事有群众观点，办事走群众路线。反之，如果领导者没有为人民服务的高尚品德，其他良好素质也就成了无本之木、无源之水。

2.　坚持理论联系实际

坚持理论联系实际，就要学习和掌握马克思主义的立场、观点、方法，使自己成为懂得马克思主义战略和策略的战士。一个成熟的领导者能够把自己的战略思想和战术思想建立在辩证唯物主义和历史唯物主义的基础上，把原则性和灵活性结合起来，并很好地加以贯彻落实，在贯彻执行中，还要根据客观实际的变化，作出必要的政策调整，坚持理论联系实际，坚持马克思列宁主义的普遍真理同中国的具体实践相结合。做到理论联系实际，要扎扎实实地学好马克思主义的基础理论，要不断地学习新知识，研究新问题，如果不掌握最新的知识，就很难跟上时代的步伐，很难适应新的形势，很难掌握新的变化。美国有位知名老哲学教授，她的名片上写着这样几行字：哈佛大学哲学博士（1954 年）、哈佛大学哲学博士（1963年）、哈佛大学哲学博士（1981 年）。许多人对此觉得奇怪，同一所大学、同一门学科为何连续多次取得同一学位呢？有人去问她的丈夫，得到的回答是：她是搞教育的，近三十年来新的知识、新的课题不断涌现，一个博士学位过了几年就会"缩水"，因此必须不断地补充提高，才不至于落后。所以，她就不断地去攻读、不断地去拿学位。作为领导者要有这种精神，对于学习这个问题应该抓得紧而又紧。领导者还应注重研究现状，注重研究历史，注重研究马克思列宁主义的应用。坚持理论联系实际，就要娴熟地掌握马克思主义的领导艺术，善于把党的路线、方针、政策变为群众的行动。要学会做群众的思想政治工作，注重宣传群众，组织群众，动员群众，让群众认识自己的利益，团结起来，为自己的利益而奋斗。

3. 领导干部要有敬业精神

英国有位学者说过这样一句话："人生所缺的不是才干而是志向，不是成功的能力而是勤奋的意志。"可以说勤奋是成才的必由之路，无论有什么样成果的人，无论是名家大家，还是伟大的革命家、战略家，都无一不是走勤奋的道路。勤奋，可以使人的才能得到发展，可以改善人天资的本来状况。作为领导者应该树立勤奋的敬业精神，实施有效的领导。一切身处领导岗位和所有从事管理工作的人，都要严格按各自岗位，忠于职守，尽心尽责地做好本职工作。有些领导者，大事做不来，小事又不做，却常自揄没有功劳还有苦劳，向党和人民要职级要待遇。作为一个有成效的领导者，不应吃老本，要立新功，成绩只说明过去，不说明现在和将来，当然，贡献可以有大有小，但要尽力去做。美国有一个连锁商店的副经理，原来是搞财务出身，工作水平一般，经理突然去世了，他由副经理升为经理。缺乏领导和管理经验，但他却兢兢业业地工作，总想为公司贡献点什么，于是就抓起培养接班人的工作，到处发掘培养新领导人。几年后他退休了，却为公司培养了一批高素质的接班人。时间一去不复返，珍惜时间，争分夺秒地工作，自己生命的一分一秒都献给有益于人类的事业，这对每一个人来说都是对的。有这么一句格言："种下行动，就会收获习惯；种下习惯，就会收获性格；种下性格，则会收获命运"。这是很有道理的。它的起点首先是要行动，就是要马上去做，这样就会构成习惯，形成性格，最后取得理想的成果，从而决定了命运。因此，领导者的敬业精神，是一个成熟领导者所必备的。只有永远想到为党有做不完的事，为人民大众有服不完的务，这样的形象，才会赢得人民的公认，赢得大家的赞扬，也会成为一名真正的公仆。

四、领导者要注重树立威信

领导者要不断地提高自身的政治素养和改进领导作风。领导者一方面应善于与人共事，另一方面要能坚持原则，办事公道，作风正派，在群众中有较高的威信。无论是哪一级领导，如果不注重培养和树立自己的领导威望，再好的愿望也是空中楼阁。一个领导者除了组织上赋予的法定权和强制权外，还要通过提高自身素质、规范行为去树立自己的威信。

1. 权威就是力量

领导权威就是领导者的权力和威信同时并存，集于一身。权威是借助于人心的支持而存在，一个领导者如果没有权威，那么他所管辖的地区或部门的工作就不可能搞好，这是颠扑不破的真理。领导者要树立权威，就必须提高非权力影响力。因为权威的形成虽依赖于权力，但同时又主要依靠于品格、能力、知识、感情、政绩等非权力影响力的因素，而这些又是在作为领导者与被领导者的接触中建立的。有权力不等于有威信，在现实生活中领导者有权力而无威信的现象是屡见不鲜的。例如：在现代大多数国家内，行政官员因政治丑闻而名誉扫地的事件时常发生；有的行政首脑因治理不善造成国内经济危机和社会动乱，威信丧失的情形也屡次发生。众所周知的王宝森虽然权力很大，但却威信扫地，受到人民的唾弃而遗臭万年。党的好干部孔繁森虽然离开了我们，但却永远留在人民的心中名垂千古。由此可见，行政领导的权力与威信之间存在着相关性，即有权力就容易有威信，一旦威信丧失，权力则动摇。二者之间又存在着相对性，即有权力可能无威信，有威信也可无权力，有的即使权力丧失，也仍然有威信，当然，在实际工作中最佳的领导者，应是既有权力又有威信。因此，领导者要树立权威，就必须在既要强化权力，又要强化威信上下工夫，要克服影响领导者威信的不利因素，努力提高非权力影响力。

权力通常指"影响者影响对象的潜在能力"。权力指的是某一时间内，影响者使一个或多个特定对象的态度或行为符合影响者期望的潜在影响力。权力不是静态的常数，而是动态的变数，影响者权力的大小视影响者对象的关系而定，因为影响者的强有力取决于对象的需要：对象需要则影响者的权力就大；反之则小。权威是影响者施加影响力的"权利"。权威可用组织内正式职位间的关系来定义。组织的有效运转，需要某个人或某些人对其他人行使权威。传统管理学者一向认为，所有权和管理权是领导者权力或权威的来源，但他们忽视了如果没有组织内成员的"一致同意"，只有"呼"没有"应"，所谓权力或权威就不能成立。所以被领导者"全体同意"乃是权力或权威合法化的最终基础。然而，成员先要确认领导的权威或权威的合法性，而后才能谈到接受影响。需要指出的是，权力或权威的合法性的含义不仅包括谁有合法要求的权力，而且包括行为的范围，范围的大小则视角色要求和组织目标所需的影响力而定。领导者"越权"之所以错误，就是因为他超出了"权力范围"。

2. 领导者怎样树立威信

领导者要有威信，没有威信就不能实行真正的领导。领导者的威信从哪里来，靠上级封不出来，靠权力压不出来，靠宣传吹不出来，靠耍小聪明编不出来。只能靠全心全意地、尽心竭力地、坚持不懈地为人民办事，才能树立起来：一是德才兼备增威。《诗经·小雅》中说："高山仰止，景行行止"，意思是品德像高山一样崇高的人，自然有人敬仰，行为光明正大的人，就会有人效仿。实践证明，能否得到大家的拥戴，人们首先衡量其"德"行，这是建立威信的核心。德，包括政治觉悟、道德品质、思想作风等方面。首先是政治思想品质即政治素质，忠于党和人民的事业，是最基本的"德"。其次是思想工作作风。如严于律己，以身作则，坚持原则；秉公办事，作风扎实，深入实际，密切联系群众；认识问题、处理问题坚持一切从实际出发；勇于开展批评和自我批评，自觉地顾全大局，维护团结；刚正不阿，赏罚分明，表里如一；言行要一致，说过的话要落实，许过的愿要兑现，干过的事要有结果等。再次是道德品质修养。在工作实践及社会生活中能否做到不贪财、不贪权、不贪色。贪财、贪权、贪色是领导者建立威信之大忌，一旦东窗事发，迅即威信扫地。如果说"德"是决定领导威信方向的话，那么才可以影响威信的大小，也就是说德才是构成威信"质"和"量"的两个要素。领导者的才，一般包括理论政策水平、文化专业知识、组织领导才干等，集中地反映在领导者观察问题、分析问题、解决问题的能力上，如预测能力、决策能力、组织能力、协调能力、应变能力、创新能力、交际能力、写作能力、演讲能力等。知识的力量是无穷的，只有高人一筹，方能服人，"以其昏昏"，何以"使人昭昭"？如有的领导干部虽忠厚老实，勤恳廉洁，但往往因工作打不开局面，该办的事办不成，使得上级有意见，下属不信服。

二是勤出威。自古以来，勤奋是成功之本，勤奋精神都是治政的基本要求之一，一个干部有没有威信，也往往决定于"勤"这一点。勤于行则事治，勤于思则理得，这是古人的经验总结，也是今天领导者树立威信的有效途径。勤于政事则能成大业，取信于民。勤政才有德政，才有实绩，一个领导干部固然不必事事躬亲，越俎代庖，但为民服务身为先，以身作则，身体力行，乐意吃苦，勤于务实，是一个领导者必须具备的工作作风，只有这样，才能事业有成。以勤生威就靠勤奋工作，赢得下级或同级的信任，树立自己的领导威望。群众心里有杆"秤"，你真抓实干，脚踏实地地办成了几件好事、实事，群众就信服你，就会有威信。你对群众疾苦不闻不问，解决问题不痛不痒，当徒有虚名的"样子官"、华而不实的"清谈官"，好吃懒做的"享乐官"，群众就会嗤之以鼻，就不会有威信。现在有些干部只愿坐在办公室发指令，不愿下基层调查研究，掌握第一手资料，因而所发指令，往往脱离实际，行不通，甚至还产生新矛盾起副作用。有的虽然下了基层，也是"坐着车子转，隔着玻璃看"。

三是严格和能力生威。以严生威就是以严肃认真的工作作风树立自己的威望。包括两个方面，即对自己严、对下级也要严。领导干部首先要对自己严要求，善于跟自己"过不去"，要求下属做到的，自己应先做到，"其身不正，虽令而不行也；其身正，虽不令而行也"，说的就是这个道理。对自己严，还包括对自己的家属严、子女严，要敢于顶住"枕头风"、说情风。领导干部在对自身严格要求的同时，还应对下级严要求，定了制度就要执行，做了决定就要算数，当老好人，办老好事，有错不指，违纪不纠，必然影响整体形象，削自己的锐气，减自己的威信。荀子主张"无能不官"，可见能力对为政者是重要的。能力低微，业绩平平，难有威信。社会的发展对干部能力的要求越来越高。要做一个有能力、有威信的干部，要有科学正确的思维方式，要有驾驭全局的组织才能。要有协调各方面关系的本领，要有处理突发事件和复杂问题的应变能力。

四是公、廉助威。所谓公助威，简单理解就是以公心取得下级或同级的信任。决策、处理的前提之一就是从绝大多数人的利益出发，为大多数人说话，立场公正，不偏不倚，这种处事态度，必然受到广大人民群众的拥护，威望由此而生。作为领导者，除加强道德修养和能力锻炼之外，还必须掌好权，用好权，以权导人。人心向背在公平，"公正无私，一言而万民齐"。待人处事不公，即使本事再大，能力再强的领导者，也会丧失其影响力和感召力，群众也会不买账。因此，领导干部必须加强自身修养，加强党性锻炼，以公正得民心，以身正求公正，努力建立起政通人和、鱼水情深的党群、干群关系。廉洁向来是为人尊崇的一种美德，在我国历史上，几乎各个朝代的为官之道都有"廉"的要求。虽然真正做到者不多，但凡是为民敬仰的好官，无一不是廉洁自律的。社会主义制度下的"廉生威"，表现为廉洁榜样作用所产生的吸引力、凝聚力和号召力。我们有相当多的党员干部是廉洁自律，率先垂范的。许多优秀干部一生洁身自好，廉洁奉公为民。这种廉洁榜样的作用是无穷的。"公生明、廉生威"。廉洁是每个国家干部的天职和道德的重要体现，更是对领导干部的起码要求。廉洁就是在经济上清廉，在品德上端正，在经济生活和精神生活中做到一尘不染。只有做到这一点，在群众面前才有说服力和感召力。

五是绩壮威。创实绩，留业绩，是干部从政的落脚点，是群众评价干部的重点，也是一个干部各方面素质的综合体现。建功立业，从来就是为政的目标。为官一任，把一个单位的工作搞好了，把一个地方的经济搞上去了，群众会认为你有本事，是好干部。群众最重实效，一个干部光是洁身自好，不干工作，或整天忙忙碌碌，没业绩，群众充其量说你是"好人"，决不会说你是好官。作为领导者，千道理、万道理，政绩才是硬道理。如果在任一方，在位一届，政绩平平、山河依旧，甚至成事不足、败事有余，不仅无威望可言，还要被群众责骂，这样的典型不胜枚举。因此，领导干部要树立政绩意识，要有全心全意为人民服务的政绩感和无功即是过的自责感。真正做到在位一届，实干一届，必然受到群众的拥戴和青睐。干部从政的实绩不只事关个人形象，更是凝聚民心的关键。因此，创实绩就是创党威国威，创共产党人及其领导干部号令民众的群体威信。改革开放所带来的巨大变化，使广大人民群众看到了党和政府建设社会主义现代化强国的胆识和魄力，看到了各级干部的巨大作用，从而激发了奋发向上的热情，焕发出了前所未有的积极性，也增强了对党的干部的信任感，而这正是演化改革的需要，也是实现社会主义现代化建设宏伟目标的坚实基础。

六是情生威。我国古代思想家孔子说："君使臣以礼，臣事君以忠"。孟子也说："君子视臣如手足，则臣视君如腹心。君子视臣如草芥，则臣视君如寇仇"。而现代人一个显著特点，就是人人都期望得到别人，尤其是领导的理解、尊重和信任，哪怕是一个主动的招手、一句亲切的寒暄，就能增加心理相容。实践证明，凡是谦虚谨慎、联系群众、作风民主、待人热情、宽厚和蔼可亲的领导人，其群众威信一般都比较高。相反，有的领导工作能力挺强，但决策中独断，执行中专行，方法上强迫命令，不关心群众疾苦，不注意与群众交流感情，处处逞威风等等。日久天长势必脱离群众，走向自我孤立。因此，领导者要注意以情生威。对下级严格要求，无疑是十分正确的，但严并不是刻板或无情，人是情感动物，运用正常的情感因素来激发下属的工作热情是重要的领导方法。这就要求领导干部善于处理严和情的关系，既敢于严，又要善于情，使两者相统一。

3. 提高威信要注意的几个问题

一要提高自身的素质。因为非权力影响力主要取决于个人的品质，而领导者首先应具有高尚的品德，领导者的思想品格、知识水平、工作能力、领导作风和感情等都是处于不断变化的状态的。若能严格要求、积极进取，注意自身的修养，其素质则处于发展状态，工作就将充满活力，威信就会越来越高。反之，如果个人从主观上放松要求，思想僵化、不求进取，工作成效下降，素质则会处于消极状态，那么威信也就逐渐减弱。因此领导者要以权力做后盾，以个人的品质为基础，要率先垂范，以自己的良好作风、模范行为带领群众。如果领导者只会发号施令，自己不去做，不带头做，那么就无法得到群众的支持，就不能指挥下属，只有身体力行，才能有效地进行指挥。要以仁爱赢得下属的支持，关心下属，以爱带兵，这是领导的一个艺术手法。只有爱护下属才能产生巨大的吸引力、凝聚力。领导者要敢于承担责任，当工作中出现问题，不要首先指责下属，应主动揽起领导责任，不上推下卸，分清是非，弄清事由，要给大家一种安全感，使同志们更信服领导。对待名利要退让，只有退让才能保证其领导权威，把名利让给部下，也是调动下属积极性的一个重要手段，决不能见利就争，当仁不让，见名就上，一马当先。

二要加强自身个性心理的锻炼。领导者的意志是否具有坚毅性，行动是否具有自觉性，以及个体情感是否具有高尚性，情绪是否具有稳定性，待人宽容、谦虚、诚实、正直等，都会对其威信有影响。领导者应该具有良好的心理品质，在工作中能多谋善断，认真负责，言而有信，严于律己。在处理人际关系中，既能正确对待上下左右远近亲疏，又能正确评价和摆正个人的作用与地位。这样的领导就有权威，作为领导者一定要珍惜手中的权力，切忌做那种懒惰、懦弱、狭隘的自私者，决不可对上级阿谀奉承，溜须拍马。对下属狐假虎威，专横跋扈，对同仁玩弄权术，文过饰非，争权夺利，对群众高高在上，不是为群众服务，而是群众为他服务，颠倒主仆关系。

三要创造一流的政绩。领导者在领导活动中历任职务的功绩和现任职位上的成绩，包含着领导者历史上和现实中的功劳、成就。领导者能否胜任职位，政绩往往是下属作为认可的条件。领导者创造出一流的政绩，才能以事实证明能胜任工作，获得下属的爱戴，也才能树立权威。另外作为领导者，还应培养具有较高水平的思辨能力、决策能力、指挥能力、执行能力。应具有民主的作风，要性格开朗，平易近人，善解人意。自信而有风度，公开自己的政见，广泛听取下属的意见和建议，尊重他们关心他们。领导者素质高，非权力影响力就强，威信就高；威信高，权威就大。所以，领导者要提高权威唯一的途径就是加强修养，提高素质。

四要塑造和谐之美的形象。和谐之美是事物一种美好本质的反映，是产生美感的基本因素，这是美学的一种观点。如果把美学引入领导工作，那么领导者形象的和谐之美，就是共产党人这个最美好本质的反映，是建立群众威信的基本条件。就是说，一个领导者不仅应该具有美好远大的共产主义伟大理想，而且还应该有与实现这个伟大理想相和谐一致的美好行为。不仅要具有一个美好的心灵，而且还应该具有表现这颗美好心灵的气质。不仅具有"领导干部"这个光荣称号，而且更应具有与这个称号相匹配的一切美的表现。总之，领导者不应该是言行相违、表里不一、脱离实际的口头理论家、口头革命派，而应是一个脚踏实地贯彻党的方针政策和上级赋予各项任务的楷模，这就是领导者的和谐之美。要做到形象的和谐之美，还应当运用马列主义的美学观，在观察和修饰社会与自然的同时，用心观察和修饰自己的精神世界。有的领导干部看上去学习抓得挺紧，体会写了几大本，讲起来也振振有词。但做起来却是另一套，口头上讲的是大公无私，实际干的却是以权谋私。这种不良现象与党的宗旨是根本背离的，是破坏领导形象的大敌，必须坚决反对。

五、领导者要开明·高明·精明

如何当一个好的领导者，就要在开明、高明、精明方面下工夫，做到了这"三明"就会产生十分理想的效果。

1．领导者要开明

领导者的开明，表现在对下级的信任和使用上能够放得开手。作为领导，只有相信自己的部下，相信他们的能力与作用，才能充分地发挥下属的主动性与积极性，才能让下属有信心，并有效地解决实际操作中的问题。如果说，领导者对下面总是抱有一种不放手、不放心的思想，就会使现实的问题得不到有效的解决，历史上的一些故事充分说明了这个问题。唐太宗李世民，非常注意发挥大臣们的才能，有一次，他对大臣们说："正主御邪臣，不能治理；正臣事邪主，亦不能治理。唯君臣相遇，有同鱼水，则海内可安也"。次年，他任命了十分信任的房玄龄为左仆射，杜如晦为右仆射，并对他们说："公为仆射，当广求贤人，随才授任，此宰相之职也。"为了让他们集中精力举贤荐才还特意下诏规定："尚书细务，属左右丞，唯大事应奏者乃关仆射。"李世民不仅重视网罗人才，而且很讲究用人的艺术。在任用官员时，他很注意不计旧怨。敌方营垒的人，反对过自己的人，只要他有才干，肯于效忠自己，李世民就一概任用。魏征是李世民的政敌李建成的死党，后来为李世民任用，成了贞观时期有名的诤臣。李世民从中郎将常何的奏书中，发现了常何的家客马周是个人才，于是召见马周，"与语甚悦"，先使其在门下省供职，后擢升为监察御使，马周果有建树。李世民对他的重臣们是真诚的，没有像一些封建帝王那样，为一家一姓的万代基业而屠戮忠臣。重臣们在世的时候得到尊重，这才产生了"鹞死怀中"的佳话。在李世民身边，聚集了一批有谋有略、能征善战的人才，形成了以李世民为核心的稳固的最高领导集团。这个领导集团就其个体来讲，成员们多是德才兼备的，如魏征的"能直谏，不面从"，房玄龄的临终抗表，都是集中的体现。而李靖，功高不倨，更被李世民誉为"一代楷模"，就其群体来讲，在这个集团里，能谋能断者有之，敢谏敢评者有之，大家都为了一个共同的目标而尽心竭力，正如李世民在一次讨论创业与守业孰难时所说："创业之不易，既往矣；守业之难，方与公等慎之。"作为开明的领导，需要把握大事，把握事物的主要发展方向与特征，而不是关注小事，关注细节问题，关注支流问题。从一定意义上讲，领导和下级领导的区别，就在于对事情大小的关注不同，对事情的主流与支流的考虑不同。一个总是将精力放置于小事和支流上的领导，实际上是一种领导角色的"错位"。过于关注小事与支流的领导，不可能对大事与主流有更多的思考与分析，也不可能从宏观上、整体上来运筹他的团体，就会穷于计较小事中的是是非非。因此，一个大事与小事、主流与支流方面不很清楚的领导，要想理智地、开明地对待下级领导，对待整个团体的事业发展，是不大可能的。

2. 领导者要高明

领导者不仅具备开明的素质，还应该具备高明的素质。所谓高明不是简单地执行上级的决策，还应对决策有深刻的理解，并且把决策的过程具体化，尔后产生符合实际情况的效果。为了制定符合实际的大政方针，还应该注意倾听方方面面的意见，来丰富自己的意见。要采取多种形式来互相制约互相影响。唐朝贞观时期的大臣们，大都是从动乱中杀过来的，他们亲眼看到了人民的力量。出于耿耿忠心，经常提醒李世民，纠正他有时因忘乎所以而导致的失误。例如贞观十一年，李世民想要修建飞山宫，魏征上书指出："炀帝恃其富强，不虞后患，穷奢极欲，使百姓穷困，以至身死人手，社稷为虚。陛下拨乱反正，宜思隋之所以亡，我之所以得，撤其峻宇，安于卑宫。"李世民便接受了意见，取消了修建飞山宫的计划。按唐制，18 岁男丁要服兵役，但中书省封德彝在替皇帝起草的诏令中，改为 16 岁个子高的也要服兵役，而门下省魏征认为有违律制，拒不签发。后来，李世民出面干预，盛怒之下将魏训斥一番，但魏仍不签发，并以用兵不在多而在得法的道理提醒他要取信于民。唐太宗闻之有理，转怒为喜，并奖励了他。就这样，一个错误决策未能出台。

领导者既需要对事，也需要对人，常常需要在人与事的对立之间作出一些选择。这种选择不可能让参与事情的人都完全地满意，在一定的情况下，选择的好坏，直接地影响到人与事务的和谐程度。我们常说，"对事不对人"，表面上看，这样做回避了一定的责任，缓和了矛盾。但实际上，这样的选择总是有这样或那样的不利影响。领导者在解决事务中，可能会影响一些人的积极性，而保护另一些人的积极性。解决这种矛盾，通常并没有现成的方法，而只有靠领导者的高明和高超的能力。

3. 领导者要精明

精明的领导者，首先要有勤奋学习的态度与作风。不论哪位领导有多么高的学历与知识水准，面对具体的事务运行过程中的矛盾与问题，并不是现有的知识和常识可以完全解决得了的。现实生活中的问题总是远远地多于学习过的东西。因此，作为一名领导者，精明的角色特征要求他必须经常地、勤奋地学习新的知识与技巧，增加自身解决具体问题的能力。当然，学习是多方面的，既可以从书本上学，也可以从解决问题的过程中学。一名领导者如果没有勤奋学习的态度，很难完成上级交给的领导任务。一名领导只有对现实的事务运行过程经常地进行分析和研究，找出其中规律性的东西，找到问题的关键所在，才能称得上是精明的领导。精明的领导，也需要经常听取他人的意见，以形成最好的行动方案。因此，任何一位精明的领导，都能够虚心地听取他人意见。唐太宗李世民认为，无人给隋文帝进谏是导致隋王朝二世而亡的主要原因。所以，他特别注意求谏、纳谏，成为封建社会中在从谏如流这方面表现最佳的君主。也正因如此，他能充分发挥谏臣们以及其他大臣们参谋智囊的作用。这就保证了决策的准确性，虽有失误，也能及时纠正。李世民纳谏有几点特色：主动纳谏。即位之初自不必说，直到贞观十八年，他尚能对大臣们说："人臣顺旨者多，犯言者少，今朕欲自闻其失，诸公其直言勿隐。"当场，马周等人就指出他广开言路不够等缺点，李世民愉快地接受了。李世民不仅能主动纳谏，而且能勇于据谏改正失误。魏征一生向李世民进谏二百余次，李世民大多接受了，魏征死后，他对大臣们说："人以铜为镜，可以正衣冠；以古为镜，可以见兴替；以人为镜，可以知得失。魏征没，朕失一镜矣。"提倡大臣们犯颜直谏。这是最难能可贵的一点。贞观之治约百年之后，《贞观政要》一书的作者吴兢曾给唐玄宗上过一个论谏的奏章，其中说："帝王之德，莫盛于纳谏。"在纳谏方面，李世民在封建社会里是空前绝后的一代明主，同时，他还极力倡导大臣们也要受人之谏。贞观元年，他曾对大臣们说："朕常恐因喜怒妄行赏罚，故公等极谏。公等亦受人谏，不可以己之所欲恶而为之，敬自不能受谏，安能谏人？"正因如此，净谏之臣，知名于时，一倡百应，蔚然成风，出现了前所未有的广开言路，集思广益，在一定程度上带有民主性质的宽松气氛和良好风尚。史学家司马光在谈到这个问题时说："君恶闻其过，则忠化为佞；君乐闻直言，则佞化为忠。"贞观时期也正是由于主明能纳谏，臣贤敢直谏，才确保了决策的无大误。领导者的精明还表现在对部属要运用赞美的艺术，以更好地调动大家的积极性。因为赞美，可以给平凡的生活戴上光环，把世间的噪音化为音乐，赞美对纯洁心灵的重要性，好比植物生长依赖阳光雨露，否则就不能开花结果。美国著名幽默家马克·吐温说：只凭一句赞美的话，我可以快乐两个月。生活在社会中的每一个人都希望得到他人的赞美，赞美往往会激发听者的自豪和骄傲，从中了解自己的优点和长处，认识自身的生存价值，从而融洽和谐人际关系，创造美好的心境。鼓励尊重下属的同时，也丰富了领导者的生存智慧。美国人懂得赞美的益处，他们认为给别人打个电话或者写封感谢信只需五六分钟，用不了多大投资，而带来的结果却是难以估量的。当然赞美也不能滥用，赞美要讲究艺术，要充分善意地看到下属的长处，因人、因时、因地适当地赞美，不管是直率、朴实，还是含蓄、高雅，都可收到殊途同归，异曲同工之妙。但那模糊笼统甚至信口开来的赞美，往往适得其反。诚然，当需要提醒和指出对方必须改正的缺点时，不能没有真挚的批评，但批评后，对方认识或者改正了，这时就更需要赞美。正如前人所说："人是渴望赞美的动物。"威廉·詹姆斯说："人性中最深切的禀赋，是被人赏识的渴望。"因此，在许多情况下，适当的赞美是对人们精神的激励和心理的疏导，能为下属展示光明的前途，调动工作热情和树立信心。因此，作为领导者一定要掌握好这一艺术，成为精明者。

六、"新官"的要诀

作为一名新上任的领导者如何尽快打开工作局面，走向领导岗位，努力扮演好新的角色，不负众望地开拓好新的局面，把握好一些要诀，对做好工作有着重要的作用。

1. 处理好名利与权力的关系

新官上任不管是受命于危难之际，还是任职于领导班子正常更替之时，无论是上级委任，还是群众选举，一旦上任，就会成为人们所瞩目的"新闻人物"。尤其是下属和群众往往要自觉不自觉地通过各种途径去摸新官的"底"，了解上任的"背景"，往往会出现两种心理状态：一是"理想化"，就是把新官看做是好的领导人，相信他会比前任好。二是"高期望"，希望新官给本单位的工作和他们的生活条件带来新的转机。换言之，人们在认识新官时，其心理过程会趋向简化，在无意识之中从好的一面去形成印象。因此，新上任的干部要充分利用这种新奇效应，给人们树立新的良好形象。但是，青年干部走上领导岗位后，手中有了一定的权力，围着转的多了，提供"方便"的多了，唱"赞歌"的也多了，一些老同事、老朋友、老上级，甚至不相干的人都找上门来。因此，年轻领导干部必须保持清醒的头脑，要正确对待名利地位，提高自我约束能力，努力做到三个不能变：一是权力大了，为人民服务的本色不能变。只有严于律己，公正待民，廉洁从政，才能在改革开放的新形势下，抵御名、利、金钱、女色等的冲击，避免"翻船"。二是职务升了，谦虚谨慎，密切联系群众的作风不能变。有些青年干部一旦当上了官，就觉得自己高人一等，对来自群众的呼声和意见建议不屑一顾，有的甚至瞧不起退下来的老同志。邓小平同志曾经语重心长地说："不只是年轻就能解决问题，不只是有了业务知识就能解决问题，还要有好的作风，密切联系群众，这是最根本的一条"。如果自以为是，高高在上，脱离群众，长此下去，必然会"霸王别姬"的。三是地位变了，艰苦奋斗的光荣传统不能丢。可以说，要认真当好领导是很辛苦的。切不能因为当了领导就停滞不前，贪图安逸，沉溺于文山会海，热衷于参观考察，奔波于应酬接待，进出于酒楼舞厅，不想艰苦创业，只想当舒舒服服的"太平官"。

2. 处理好继承与创新的关系

新官上任之初，乃是领导班子新老交替，继往开来的过渡时期，由于负责人更替，在下属及群众的思想上必然会产生一系列连锁反应。面对这一实际情况，作为新官，首要的任务是要着眼全局，从事业需要出发，保持工作的连续性。对前任的成绩要充分肯定，对前任的短处避免议论，对前任尚未完成而又应该完成的工作要一抓到底，自觉地把事业推向前进。对前任的态度，可从一个侧面反映新官的水平。假如以否定前任来抬高自己，结果将会适得其反。新官上任后，原班子的人员及群众大致有三种类型：一是与前任有芥蒂，处于"受压"地位的人。他们对新官很可能会翘首以待，表现出异乎寻常的热情；二是一般干部群众，抱有徘徊、观望、等待心理。三是与前任关系较密切的人，他们担心自己会成为挨整对象，因而思想上有所顾虑，对新官的言行特别敏感。为了稳定人心，保持工作的连续性，新官上任后不应轻率匆忙地整顿，而应采取基本不动的方案，把大家的注意力吸引到工作上来，在实践中判明是非，考察干部。当然，作为领导者为了完成组织发展目标，对班子进行合理的调整，也是应该的，但"一朝天子一朝臣"的做法，最易引起群众的反感而诱发成见。

新官与旧事是年轻干部走上领导岗位后普遍面临的问题。有的只讲创新，忽视前任的继承性，往往为体现自己的新风格，在工作上新官不理旧事另起炉灶。有的碍于前任领导的培养、提携或前任已提拔到更高领导岗位及其他因素，明知是不科学甚至是错误的决策，不敢创新突破，这些都是不足取的。应注意要在继承前任基础上创新。作为新接任的领导，对前任的工作成绩不应抹杀，而应充分地肯定。在班子内部或下一级领导层直至一般群众中，都有一大批人熟悉前任领导，赞成或接受前任领导的一些思想观点，其影响在一段时间内还会继续存在。如简单地否定前任的工作，就会使自己处于被动的地位。因此，要尊重前任的劳动，把前任的基础和新的实践要求结合起来，在创新的前提下继承。对前任的工作方案，长远规划乃至各种章法，要在全面、认真分析的基础上，加以改革和完善，坚持一切从实际出发，对一些经过论证或实践检验属于不科学或错误的规划和决策，要大胆地调整，避免不应有的失误。

3. 处理好主角与配角的关系

走上领导岗位的年轻干部，有的原来在下一级班子中担任过正职；有的原来是副职，现在提升当了"一把手"；还有的过去是同级，甚至是下级，现在变成了上级。在新的领导班子里面工作，如果自己还停留在原来的领导习惯上，没有尽快调适角色，就容易经常"撞车"，被许多苦恼所困惑，难以打开工作新局面。因此，新进班子的年轻领导干部，无论是担任正职或副职，都要正确认识自己所处的角色，摆正自己的工作位置。从正职角度看，要认认真真唱好主角，要学会"弹钢琴"。做到大事不独断，琐事不纠缠，难事不推诿，好事不抢先，工作不挑剔，失误不埋怨，要当好副职的表率。在工作、生活、作风等方面，严格要求自己，以诚相见，尊重副职。切不可时时处处摆出"老大"的架子，盛气凌人，更不能"一阔脸就变"，瞧不起成为自己副手的老同事、老上级，要充分信任副职，放手工作，真心支持副职，使其有职有权，发挥好作用。从副职角度看，要一心一意做好"配角"。应做到适度隐显，一位艺术家说过这样一句话，对于一个高明的画家来说，着墨处是画，空白处也是画。一语道破艺术的妙论，对如何当好副职也是有益的启迪。一个副职领导只有准确地把握自己的角色定位，在工作实践中伸缩有度，进退有节，做到该隐则隐，该显则显，才能营造与正职领导，与其他副职和谐融洽的氛围，才能在工作中得心应手挥洒自如，最大限度地显示自己的价值。作为副职应充分发挥同正职配合中的维护作用，决策上的参谋作用，工作上的助手作用，团结上的伙伴作用。副职分工后要独当一面，敢于负责，围绕全局，积极做好工作。要主动配合正职工作，既要尊重正职，不能超越"一把手"发号施令，又要对正职负责，用自己的特长和才能弥补"一把手"的不足，遇到重大问题要及时请示报告，顾大局识大体。严于律己，宽以待人，不争不靠，发挥主观能动性，为了共同的事业，不计较个人得失。

4. 处理好起步与发展的关系

人们由于以往印象所造成的惯性会形成心理上的定式，即一个人若被认为是好的，他就被积极的光环所笼罩，从而也就把其他好的品质赋予他。"新官"是上级反复遴选的最佳人选，是群众拥戴、众望所归的理想人物。因而，新官肩负神圣的领导使命，身上常被一种积极的光环所笼罩。人们不仅会有意无意地宣传他以往的政绩，好的品行，而且还把领导者或心目中所期望的优秀领导者的长处美德迁附于他。但作为新上任的领导，自己要有自知之明，正确对待这些赞誉。现实生活中，常有这样的现象，某人尽管一贯不怎么样，可做了一件好事，一下子就成了"英雄"。某人犯了一个错误，就"千日功劳一旦休"。新官上任后，虽然连续做了几件得人心的事或工作取得了突破性进展，但由于这样那样的原因，导致了个别决策失误，或做了不顺人心的事，那么很可能会因为近因效应的作用而影响在下属中所形成的好形象，威信就会下降。倘若新官上任后，工作连续失误，十分被动时，某一重要决策正确，取得了重大成功，那么，可能因此而使群众改变印象。因此，新官上任，给下属及群众留下的第一印象十分重要。如果第一印象好，就会产生较强的影响力，缩短领导者与被领导者的心理距离，使下属及群众对新官产生尊敬感和信赖感，形成较强的向心力和凝聚力，奠定了良好的工作基础。这样对今后的工作就非常有利，新上任的领导者在工作中要注意防止群众对自己产生成见，成见一旦形成，要想改变或消除是很不容易的，特别是在感情上遭到伤害后，更是耿耿于怀，久难忘却。从新官自身来说，在其了解情况的过程，易受某一方面、某种思想倾向的影响，使自己的认识被某些人的观点同化，对人对事产生成见。从群众方面来说，很可能因为新领导活动的某些失误，使群众的希望与感情受挫，而对其产生成见。成见效应一旦形成，会使正常的领导与被领导关系受到干扰，造成人为的感情隔膜，产生离心力，增加工作的阻力。因此，新官要特别注意开好头、起好步，在一个好的基础上继续搞好今后的发展，防止几种不同的效应对自己产生影响，要始终处在中心位置上，掌握主动权。起好步后，重头戏要放在发展上，在今后的道路上要一步一个脚印，扎扎实实地前进。只有起好步，才能更好地发展。因此，领导者应处理好起步与发展的关系。只有这样，才能带领群众全面完成上级赋予的任务。

5. 处理好内在条件和外在条件的关系

对领导干部来说，培养自牧、自处、自用的内在品质和正确对待外在条件是十分必要的。自牧，这是一个人进行高度自觉的自我管理、自我控制和自我约束的能力。当今社会信息量大、节奏快，这些信息，既有促人向上、使人完善的积极信息，也有使人后退，堕落沉沦的消极信息。而个人接受何种信息，完全取决于个人的选择能力。作为领导者，面对改革开放的大潮，就应在更深的层次上，更高的标准上来严格要求自己，从政治思想到生活道德各方面，以严格的反省精神、超然的哲人气度和持之以恒的毅力来约束自己。自处，作为领导干部，要有高度的自知之明，对自己个性的优劣及其在各种社会环境中的不同作用有一个中肯的认识。要充分了解自己所处环境的工作特点，找出个人素质和环境特点之间最佳结合部。如果个人缺乏这种结合条件，必须通过自身的主观努力创造这种条件，逐步地使自己的心理结构与集体心理结构趋同。在自处过程中，需要改变的是个人素质上的弱点和不足，自处能力的提高应该和人格的完善互为条件。自用，"非才之难，所以自用者实难"。古往今来，出类拔萃者何其多，或因生不逢时，或因怀才不遇，不能自用的人才，可谓多也。因此，人才价值的实现，取决于自用和他用所产生的综合效果，只有优秀的智力因素和良好的非智力因素完善地结合在一起的时候，才具备了自用其才的优越个体条件。在同样的社会历史条件制约下，唯有那些善于自用其才的个体，才能够赢得较高的成功率。

6. 处理好初战与长远的关系

新官上任后的第一板斧砍在何处，能否达到预期的目的，做到首战告捷，有着特殊的意义。因此，新的领导者就要深入进行调查研究，摸清全盘情况做到"胸中有数"。要从实际出发，集思广益，慎重决策，把目标定在切实可靠的基础上。当突破口确定后，必须精心周密地进行部署，不能有懈怠和疏忽，充分估计到工作进展中可能出现的困难、问题和意外，制定相应的对策，避免出现功败垂成的局面，以增强领导者的磁性。每个单位都会有令人头痛的难题，新官上任初期，应先解决一些难度不是太大而又急需解决的问题。在此基础上，知难而进，花大力气啃硬骨头。只有不失时机地向难题进攻，并使问题最终得到解决，才能显出"英雄本色"。

稳定和发展是领导者的重要课题。前者是保证，后者是目的。没有稳定的局面，发展是不可能的事。

领导者的行为不可能使每一个部属的希望都能得到满足，不过部属中的多数是通情达理的，是会理解人的。他们对待前任，有的拥护，有的反对，有的持中间态度。前任的调离，新官的到任，三部分人，尤其前两部分会迅速调整自己的"希望"，给新官以种种信号。如果不清醒的话，就难免要当他们"希望"的俘虏，干起盲目否定前任的事，从而使拥护前任的人反对，反对前任的人拥护，此时的中间状态也必然分化。这样，部属中的不平衡状态就会加剧。由于新领导的行为致使部属中不平衡状态加剧，从而身陷此中。所以，新官到任最重要的是把握部属思想上的相对平衡点，而要做到这一点，用发展的眼光去看待事物、衡量问题是至关重要的。

七、领导者要警惕谗言

在现实工作中，有一个值得领导重视和警惕的问题。就是有些心术不正的人，采用卑鄙手段进言，他们在领导面前说别人的不好，颠倒黑白，混淆是非，以干扰正常工作的进行。

1. 谗言的危害

进谗者之所以在领导面前说别人的坏话，是想借用领导者的权力，打击压抑别人，取得领导的信任往上爬。有些"耳朵软"的领导，对进谗者倍加赏识。进谗信谗抑正纵邪，弄得一些地方和单位乌烟瘴气，怨声载道。有的领导爱听"小报告"，并且一听就发作。所以，进谗者络绎不绝。那些埋头苦干忠厚老实的干部，那些敢想敢干的干部就被整得抬不起头来，搞得人心浮动，议论纷纷，正不压邪，领导威信受损。领导班子中，只要有一个爱拨弄是非的人，班子的团结就难于搞好。这种人在这个成员面前说那个成员的坏话，在那个成员面前说这个成员的不好，挑拨离间，打击别人，弄得大家提心吊胆，班子成员不团结。进谗者为了达到使人相信的目的，采用不同的进谗方式。这种人往往头脑比较灵活，善于看风使舵，利用矛盾。如有的了解到本单位的主要领导有不能容人的缺点，且与一个副职有了分歧，于是就向主要领导进谗，说那个副职某时某地说了主要领导的坏话，说得有根有据，不容你不信。从此，两个领导的矛盾越来越大。《韩非子·内储说上》中记载了一个三人成虎的故事。很明显，闹市上有虎纯属捏造。但一旦众人相传就越传越真，起初不相信的人也相信了，进谗者也学到了这种办法。如果领导心里想的适合他的需要，他便开始进谗。明代词人文征明写的《满江红》词，指出了遗臭万年的奸相秦桧进谗陷害爱国名将岳飞是迎合了宋高宗赵构的阴暗心理的。宋高宗南渡之初，为了稳定半壁河山，曾经非常重用岳飞，等到政权稍稳，想长做南朝天子，对岳飞却极其残酷。其原因是岳飞誓雪靖康之耻，"迎二圣归京阙，取故土上版图"，要"直捣黄龙，与诸君痛饮"，赵构则害怕"徽钦既返，此身何属"，金銮宝殿，再坐不成了。主和派秦桧洞悉赵隐衷，引风吹火，狼狈为奸，于是岳飞便死定了。如果赵构不是怀着这种不可告人的阴暗心理，区区一个秦桧，不会撼动当时南宋朝廷的擎天一柱。当今的个别进谗者，也学到了秦桧的这一手。

2. 排谗危害自古有

屈原被谗言危害失宠后，被放逐投汨罗江而死；晁错被谗言所害，落下个"易朝衣，斩东市"的下场。现在时代不同了，我们应该采取一些行之有效的措施，来提防谗言对工作的干扰。进谗现象的产生，往往与少数思想意识不好，个人主义严重有关。党组织可采取多种形式，铲除进谗的思想基础。同时，对进谗者要进行严肃的批评教育和采取组织措施。对造成重大恶果者，还要治以诬告罪。要"亲君子，远小人"，古今中外的许多事实表明，凡是心术不正的"小人"参政的地方和单位，谗言危害就难以避免。

因此，领导者一定要客观公正，不偏听偏信，不能把心术不正的"小人"作为亲信，让其掺杂其间，这是排谗的一条非常重要的措施。领导者那里会经常有干部群众去反映情况，问题是主要领导听到反映，或接到"小报告"后，不能偏听偏信，尤其不能立刻表态，听听其他干部群众对同一问题的意见。只有这样，问题才能搞清，进谗者才不致得逞。实践证明，那些作风正派、不搞小圈子的领导，讨厌吹吹拍拍，拉拉扯扯，挑拨离间那一套，心术不正的小人不敢到他们面前去进谗。怕被察觉出来自己难办，怕领导不相信，这是正气所在，使这些人没有市场。因此，我们在选拔干部时，不能让进谗言挑拨离间的人进入领导班子，这也是防止谗言危害的一条措施。

3. 嫉妒和"小报告"的危害

心理学家认为嫉妒是由于别人超过自己而引起抵触情绪的体验，是心胸狭窄者的共同心理。黑格尔则说，嫉妒乃"平庸的情调对于卓越才能的反感"。嫉妒是一种病态心理，也可说是一种痼疾，自古有之。我国古诗中就有"一山突起丘陵妒"，"梅花斗寒群芳妒"的描写；更有"木秀于林，风必摧之；堆出于岸，湍必激之"的古语。嫉妒者嫉贤妒能，最看不得人家好，最害怕别人比自己强。唐朝宰相李林甫对才智功业高于自己者"必欲百般去之"。英国物理学家牛顿嫉妒晚辈，生怕别人超过自己，凭借自己的地位，压制格雷的电学论文发表，美国电影大师卓别林，容不得才华超过自己的导演，而利用自己的权力，焚毁了唯一的一部《海的女儿》的拷贝。在我们的现实生活中也常看到这样的现象：两个原来情同手足的好友，因为对方超过了自己，就感到浑身不自在，始则感情疏远，继则关系紧张，终则势同寇仇。有人在单位是业务骨干，事业上成果卓著深受众人好评，可一旦连连获得奖励及资金，或得到了组织上的重用，就立即有人在鸡蛋里挑骨头，说他这也不行，那也不是，甚至一无是处。嫉妒不仅压抑人才，有时还会使人丧失理智，直接杀害人才。读《三国演义》，便知道曹操杀杨修的真正原因，并非杨修说了"鸡肋"二字泄露了军事机密，而是在于他屡屡识破曹操的"机关"，正如罗贯中所说："身死因才误，非关欲退兵"。隋炀帝为何要杀恭道衡？就是因为恭写了一句比隋炀帝高明的诗："空梁落燕泥"。当行刑时，隋炀帝还怒气未消，恶狠狠地说：看你以后还能不能写！在今天，因为被人嫉妒，某些有贡献、有杰出才能的人，遭受流言蜚语，造谣中伤也时有所闻。有些人才就是因受不了谣言攻击，从而一蹶不振。古往今来，为嫉妒所毁之人之事，屡见不鲜。然而嫉妒不但害人，也害自己，大凡好妒者，多半自寻烦恼，会无端生出许多怨恨，有的还做出一些悖理和违法的事来，为了拽倒胜过自己的人，不惜采用诽谤攻击、写诬告信、打"小报告"等卑劣手段诬陷别人。何谓"小报告"，《辞典》上用"小"字组成的词语多达212条，而唯独没有"小报告"。上海辞书出版社出版的《辞书研究》"新词新义小集"专栏里发现"小报告"这个"新大陆"。该书直言不讳地解释道："背着当事人向领导反映不确切的情况"就是"小报告"。"小报告"入典虽迟，但问世却很早。史载：战国时期，乐羊受魏文侯指派去征服中山国，五万大军团团围住了中山国的国都。眼看乐羊胜利在望，立功有日，一些大臣背后向魏文侯反映情况说，乐某人有个叫乐舒的儿子在中山国做官，不愿攻城，请求魏文侯撤换他。魏文侯了解到乐羊曾动员儿子离开中山国，且没有发现"不愿攻城"的言行，决定继续任用乐羊为帅。几个月后中山国王仍不投降，还将乐舒绑在城楼上，想借此动摇攻城的决心。乐羊赤胆忠心，带头冲锋，很快征服了中山国凯旋。魏文侯在庆功宴会上赏给他两只密封的箱子，乐羊回家打开一看，大吃一惊，里面装的都是大臣们说他因私情不愿攻城的"小报告"。假设以此例为起点，那么"小报告"的诞生，至少也有了两千四百七十年。"小报告"不仅经久不衰，而且愈传愈烈，其中一个重要原因就是因为打"小报告"的人手段高明。出其不意，攻其不备，在时间选择上手段高明，一般抢在别人好事将临、路遇顺程的时候进攻。如当某人提拔、晋升之际，"小报告"就会很快飞到领导手中。避实就虚，捕风捉影。打"小报告"的人，习惯使用可能、大概、听说、据说等真真假假、似是而非的词语，要么透点风让你去捕，要么造个影让你去捉，使你查起来真假难辨，想起来是非难分。在内容上，他既"报"政治上的"风云"，又"告"作风上的"风月"。要么设法引导领导对你起"疑心"，巧妙离间你与领导的"关系"。要么编造他人的隐私，杜撰男女之间的"桃色新闻"。在打击对象上手段高明，打"小报告"的人虽然在心理和目的上因人而异，或憎恨，或嫉妒，或报复，或挑唆，或贪权力，或谋名利，但有一点却是不谋而合的，那就是最爱光顾贤能之士，古人所说的"为恶者皆流言谤毁贤者"、"有才能者多致飞语"讲的就是这个意思。写"小报告"者的这些战法，虽然猥琐卑下，但却效果很"佳"。轻则如曾参"杀人"之冤叫人名誉扫地。重则如阮玲玉含愤自杀，惨及置人死地。从古至今，被"小报告""笔伐"了的能人真是不胜枚举。所以，秦朝相国吕不韦在《吕氏春秋·离谓》中愤怒地把

"小报告"斥之为"乱国之俗"。

"小报告"虽说神通广大，但也并非什么都不怕，"小报告"最怕的就是拿到"公堂"上处理。话说康熙末年，江南总督噶礼贪婪而骄横，尤其喜欢整人。当时，苏州知府陈鹏年，官声清廉，刚正不阿，常与噶礼意见相左。噶礼忌恨在心，便寻机参劾，要将他充军黑龙江。康熙觉得陈鹏年有才学，不仅没有同意，而且还把他调到京城编书。噶礼不肯罢休，又密奏陈鹏年写过一首"游虎丘"的诗，说诗中有仇恨不满情绪应予治罪，并将原诗密封附上。康熙细读了陈鹏年的诗，觉得没有什么"邹恨悖谬之心"，再看噶礼的密奏，以为噶礼完全是挟嫌整人。康熙感到，如果自己阅后只是搁到一边，噶礼之流会认为皇上默许，今后还将用类似的密奏来加害他人。于是，他便向群臣当众宣布：噶礼这个人总是喜欢惹是生非，苏州知府陈鹏年稍有一点声誉，噶礼就想坑害他。并将噶礼的密奏和陈鹏年的虎丘诗公之于众。康熙这一正义之为有力地打击了当时少数人利用"小报告"挟嫌整人的嚣张气焰，净化了官场风气。解决"小报告"不妨采用古人的一些行之有效的方法，给写"小报告"的人以沉重打击，树立起良好的正气。

要想知道掌权的痛苦，就该去问那些当权者；要想知道它的乐趣，就该去问它的追求者。

第四章　领导心理

一、高素质要有宽胸怀

在庆祝中国共产党成立 75 周年座谈会上，江泽民同志做了重要的指示。突出地强调了努力建设高素质的干部队伍问题，干部队伍素质前面的一个"高"字，就言简意赅地表达了干部队伍建设的目标，它有着重要的现实和深远的历史意义。现实生活中，党的干部应该具备良好的政治业务素质和健康的心理素质，才能更好地适应领导工作。因此，领导干部的高素质，还反映在领导干部的宽胸怀上。

1. 领导者宽阔胸怀的素养

宽阔胸怀是一个高素质领导者所必备的条件。作为一名领导者，要牢记党的宗旨，立党为公，凡事从党和人民的利益出发，从关心人、帮助人的角度出发，而不是为自己的功名利禄着想。领导者应该做到，站要往高处站，看要往远处看，干要往实处干，这样做才能胸怀宽阔，受到群众的拥戴。因此，党的领导干部，自身品行如何，不仅影响他人，影响部属，而且影响党风，影响党的整体形象。很难设想，一个品行不正的人，能有多宽的胸怀。作为领导干部应该不断加强党性锻炼，时时处处严格要求自己。提高素质的关键是领导者要把改造主观世界和改造客观世界紧密结合起来，不断提高学习与实践的自觉性和迫切性。江泽民在座谈会上指出，"要切实解决好理论联系实际的问题。马克思主义是从实际中来并被实践所证明了的科学理论，只有联系实际，才能真正学懂，也只有联系实际才能真正用好。从党的历史上看，什么时候理论和实际结合得好，党的事业就蓬勃发展；反之，党的事业就遭受挫折。因此，坚持理论联系实际是个重大的政治问题。"所以领导干部要善于从书本中吸收新鲜知识，善于从实践中吸收新鲜养分，抓好学习与实践两个环节，不断拓展学习和实践的广度和深度，要学习学习再学习，实践实践再实践。坚持理论联系实际的原则，除了政治业务素质，还有一个健康的心理素质问题，说到底是要有个良好的涵养。涵养好主要体现在领导者遇到急事不急躁，遇到大事不糊涂，遇到难事不紧张，遇到好事不动情。在具体工作中，注意好自己的情绪，确定解决矛盾的最佳态度，站在合理、合情、合法的位置上，怀之以德，晓之以理，动之以情，施之以恩。现在有的领导干部之所以在一些非原则问题上缠来缠去，恐怕与其心胸狭窄不无关系。作为一个领导者，必须豁达大度，能听难听之话，能吃难忍之亏。对正反两方面的话都要听得进去。不能听到好话就笑，听到坏话就跳。领导者要多看别人的长处，少看别人的短处，多看闪光的地方就能想到发展，多看不足就会把人看死。不以个人好恶论亲疏，不以个人恩怨定去留，古人尚能"外举不避仇"，我们共产党人更应有这样的觉悟。在领导活动中，往往因为办事不公造成的一些不必要的矛盾，这也是导致领导成员相互猜疑、相互拆台的重要因素。因此必须倡导办事要公，坚持公道办事的原则，提倡有主见，反对搞主观，办事要符合程序，有透明度，不要躲躲闪闪，神神秘秘。要合乎民心，端平一碗水，握好一杆秤，让群众信服。

2. 领导者宽阔胸怀的容量

领导者宽阔的胸怀体现在能容人、容言、容事。作为领导者，不管是先进还是落后的人，要一视同仁，不可有亲有疏。不管顺耳之言、逆耳之语，还是反对之词，都要能听得进。不管好事、坏事，还是怪事，要事事关注。现实中有的领导干部能容先进的人，不能容落后的人。认为先进的人能给集体增光，落后的人则给集体抹黑。结果落后的人得不到团结和教育，只会越来越落后。有的能容顺耳之言，不能容逆耳之语。认为顺耳之言是积极的，逆耳之语是消极的。结果逆耳之语中的合理意见不被重视，也就堵塞了言路。有的能容好事，不能容坏事。认为好事能给领导增彩，坏事则给领导添过。结果坏事得不到及时正确地处理，反而越积越多，不团结现象越来越重。江泽民同志曾提倡并带头高唱《团结就是力量》的歌，旨在号召党内外、军内外和全国人民要团结起来。作为领导干部当好团结的带头人，就必须胸怀宽阔，能容人、容言、容事。如果没有这种精神，不仅搞不好领导班子内部团结，也搞不好与群众的团结，而这两个团结搞不好，就会脱离群众，成为孤家寡人，就不可能率领大家做好工作，由此以往也就失去了胜任领导的资格。因此可以看出，领导干部胸怀的容量是至关重要的。实际中有这样一种现象，应该引起人们的注意。用人者取舍标准不一，一些单位出现了领导干部水平、能力不如下属的情况。才高者处下属地位，这种局面容易使领导者敏感，也容易使领导者尴尬。如何处理好同才高的下属相处，创造和谐共事的气氛，很大程度取决于领导的自觉努力。作为领导者，即使学识渊博、才识过人，也不可能成为全才。况且领导者的最主要职责，除了出主意外，就是要把各方面人才的才能充分发挥出来。因此，领导面对比自己强的部属，要克服心理障碍。假如领导者气量小、私心重，忧心部下强过自己威胁自己的地位，就会压制部下的才能，打击部下的积极性和创造性，使有能力的人要么隐而不露，要么流失出去，自己也终将成为武大郎开店，难有作为。还要自信。只要自己身正影端，一个脚步一个脚印，就不会"前怕狼后怕虎"，完全可以克服自卑心理，树立自信心。要充分相信自己，依靠组织和群众，一定能做好工作。可现实中不少领导往往放不下架子，自视高明，常常固执己见，听不进别人的半点意见，有时已走入了"死胡同"，但仍然不愿改变自己的行为，怕自己已表过态、已决策的事改变而失面子、丢威信。其实，每一个人都有自己的思维定式和行为习惯。随着客观世界的变化，必然有不适应的地方，我们只有不断自我修正、自我否定，才能不断提高认识和驾驭客观世界的能力。现实中往往发现有些领导胸怀狭窄，一个重要的原因就是爱猜疑。其实当好一个领导，应当时时处处反省自己的不足，不断改善与下属和他人的关系。猜疑，是种不健康的心理。俗语说："疑心生暗鬼"，越"疑""鬼"越多，只会无形又无情地折磨自己。别人对自己工作提出的批评和建议，应该看做是对自己的爱护，不要往"想搞垮自己"那方面去想。嫉妒是一种阴暗心理。有了它，什么蠢事都能干得出来。作为领导应当"宰相肚里能撑船"。应该像教师那样喜欢"青出于蓝而胜于蓝"，喜欢有更多的人才超过自己，况且"寸有所长，尺有所短"。只有放下架子，吸取下属的长处，丰富自己各方面的知识，提高自己的领导水平，才是正确的途径。

3. 领导者宽阔胸怀的度量

古往今来每一位有作为的人，没有博大的胸怀，襟怀坦荡的度量是不行的。《三国演义》里塑造了一个度量狭小的人物周瑜，他看似潇洒飘逸，而实际上却是气度狭隘、鼠肚鸡肠，以小人之心度君子之腹，不能容纳计谋高出自己许多的诸葛亮，被孔明三气之下，最后落得个抚琴叹道："既生瑜，何生亮。"历史证明，大凡成大事业者，都具有容纳反对过自己的人的胸怀。三国曹操打败袁绍后，对收缴到的部下通敌信函，全部烧掉，一概不加追究。这种以德报怨的度量，赢得部下拼死效力，成就了霸业。现代管理学认为，在一个团体中，如不加人为因素，对领导者存在着支持、反对和中立的三种态度，其比例一般为2∶2∶6，中立方往往视支持、反对两方的势力大小而表明态度。因此，领导者应把主要精力放在争取、转化反对者身上。要做到这点，前提就是领导者要有宽阔的心胸，能够容忍和接纳反对者，使"对手"成为自己助手。当然，这是一个持续不断的过程，容纳了一批反对者，又会出现新的一批，只要采取愉快的心情来接受挑战，就会成为一名成功的领导者。我们发现心胸宽阔的领导者，能事先造成让部属放手干事情、不怕出错的氛围，一旦部属出了错误，首先自己为部属担当责任。世界最大的造船集团总裁，为了使部属放手去做，无后顾之忧，常向部下表明"由我负责，失败了由我赔偿"。作为领导，当部下出了差错，如果因畏于上司的责难，担心名利的受损，而为自己辩解、推诿，以求明哲保身，既容易导致被人看做是无能的领导，丧失号召力和应有的威信，也容易导致有的部属缩手缩脚，生怕出事而消极工作。因此，勇于为部属承担责任的领导，表明了他的胸怀的度量。

扬州八怪之一郑板桥用奇特的书法写下了"吃亏是福"四个大字，耐人寻味。何谓吃亏，无非是把好处让给别人。当人的心灵到了视吃亏为幸福的境界时，他的人际关系就和谐圆满。他得到的会比失去的多千百倍。一副对联中说道，"大肚能容，容天下难容之事；慈颜常笑，笑世间可笑之人。"在工作中，我们的领导者如有了这种忍让与宽容的姿态，就会有一个宽阔的心理空间。有人说，比大地更宽阔的是海洋，比海洋更宽阔的是天空，比天空更宽阔的是人的胸怀。我们要容广袤无垠的天空，容苍茫厚重的大地，容世上难容的烦恼和忧愁，从而走向超越，走向永恒。

二、领导者性格的影响

在众多让人难以琢磨的因素中，却有一个古今中外无时不在地发挥着巨大作用的微妙因素，这就是领导个性。人总是要有点个性的，而领导者的个性因其特殊的地位，有更多展现的机会，所以领导者个性会对社会产生较大的影响力。

1. 性格与领导风格

不同性格的领导者，有不同的领导风格。不同的领导风格，就有不同的领导效果。"由于我的心太软，我在已经选定的职业上，难于事竟功成。"这是第一次世界大战中美国将领卢卡斯在日记中的自述。后来果然如他自己所料，由于性格软弱，招致了一次重大的失误：1944 年 1 月 22 日，他率领一个军在罗马附近的安齐奥顺利登陆，仅伤亡了百余人。可是他却怕增大伤亡而不敢指挥部队乘胜追击，一直在滩头停了七天。结果险些被德军急速调来的军队赶回大海。最后苦战1个月，以近2万人伤亡的代价，才打破了包围，卢卡斯也被解职。而另一位美国将军巴顿，其性格恰与卢卡斯相反，以勇猛著称，因而他的指挥风格也完全不同。在西西里战役中，他率部登陆后，虽遭对方激烈阻击，损失不小，但他却果断发起猛攻，在历时39天的战役中，以16000人的伤亡代价，歼灭轴心国军队16.7万人。从这两起事例可以看出，一个指挥员的性格不同，指挥风格不同，其效果完全两样。一般来说，具有敢于冒险、敢于创新、勇于自我牺牲性格特征的领导者，在指挥风格上是勇猛型的。性格内向、深沉练达的领导者，具有稳重型的指挥风格。性格随和、刚柔相济、善于变通的领导者，在指挥风格上是灵活型的。按老框框办事的领导者，指挥上是死板型的。专横、主观、自负的领导者，在指挥风格上属武断型。轻浮、急躁的领导者，常常是盲目型的。优柔寡断、胆小怕事的领导者，指挥风格是软弱型等等。领导者不同的性格特征，构成了各自不同的指挥风格，不同的指挥风格，反映了领导者不同的领导水平，其带来的指挥效果也就必然不同。因此，领导者的指挥风格，实际上就是领导性格的写照。

2. 领导者性格异常的表现

少数领导者，不能适应本职工作和社会环境。待人接物，为人处世，意志行为与社会格格不入。异常性格常给单位、家庭以及个人招来麻烦，产生不快与难堪，给事业带来损害。

一是偏执性格。偏执性格的表现一方面过于自负。有的领导者，平常的言谈举止，常常表现出一种傲慢，甚至狂妄自大。爱用讥讽口吻，抢别人的话头，轻易否决别人的观点。自以为是，看不起别人，行走坐卧，总是满脸倨傲的神情，目中无人，盛气凌人。工作有了成绩，就认为"都是我的主意"，出了问题，就指责下属。这样的领导者，即使自己的工作能力再强，因自负和傲慢的性格，权威会受到削弱。另一方面过分敏感。表现为多疑又多心，时刻带着"警惕"的眼睛，经常造成误会，人际关系较紧张。有些领导者偏执性格的形成主要是听惯了赞扬声，听不得不同意见。由于社会地位的优越，滋长了过于好强的毛病，在心理上，过于自信，认为只有自己的本事大，见解总比别人有独到之处，所以很轻易地否定别人的言行。别人往往不愿意与其争辩，他反而以为别人敬服他，结果形成偏执性格。具有偏执性格的领导者，要有勇气正视自己性格中的弱点，审视一下自己是否过于自尊、自信。如确实存在，就应加强自我修养，对人谦虚谨慎，灵活通达，对己严格要求，多加检点。同时，还特别要求在思想上建立相互尊重、相互信任的观念。一切从事实出发，全面冷静地考虑问题，克服思维的片面性，多征求别人的意见，有这种性格倾向的领导者，待人接物应随和一些，不必总是独标高格，即使与别人的看法、做法一时难以一致，也尽量少强加于人，更注意"己所不欲，勿施于人"。这样，将会大大地改善人际关系，提高领导工作效能。

怯懦性格是胆小怕事，容易屈从他人，甚至逆来顺受，无反抗精神。在困难面前常会表现出胆怯和惊慌失措，祈求找到一个风平浪静的港湾躲起来。感情脆弱，经不住挫折和打击。一般不太信任同志和下属，怀疑下属争权夺利，把权力集中在自己手里，不善于团结同志，人际关系搞得比较僵。这样，久而久之，即使领导者手中有很大的权力，也会失去威望，降低凝聚力。有这种性格的领导者办事迟疑，遇到问题犹豫不决，会上已经表态决定了的事情，会后听了一些人的汇报，又觉得有理要反过来，搞得下属左右为难，不知怎么办。具有这种性格的领导者，要克服畏惧和害怕心理。可借助于气势的激励来振奋自己的精神。一个人在气势盛时，决策会产生一股不可阻挡的勇猛劲头。拿破仑认为：战场上四分之三取决于精神因素，四分之一取决于其他条件。英国元帅蒙哥马利说过：我认为士兵是战争中最重要的因素。没有高涨的士气，则不论战略、战术、计划以及一切其他工作如何完善，也不能取得任何胜利。在困难面前有了那么一股敢斗的气势，摆出一种决心拼搏的架势，你就会感到增添了力量，就不会感到怯懦。克服怯懦性格，一个最有效的方法是采取行动，有的领导者为什么渴望事业上有所成就而又那么怯懦，就是因为缺乏行动而使他们游离于实际生活之外，没有行动就不会有感受，没有行动就不会看到希望，没有行动就产生不了信心。成功的秘诀就是要大胆地行动。

有的领导者说话做事无约束，好动肝火，爱发脾气。待人不能心平气和，谈问题也缺乏商量口气，这是火暴型性格的表现。任何一个下属，都不会愿意在上级的骂声中工作。有这种性格的领导者，时间长了，领导者的权威就会不断降低下来甚至丧失。具有这种性格的领导者，难以成功地自我控制，在不想发火的时候发火，不该发火的时候发火。有的时候，因发怒而破坏了自己愉快的心境，损害了下属的感情而把事情办得更糟。具有火暴型性格特征的领导者，虽然有一定的生理原因，但应当积极加强性格修养，依靠意志调节自己的心理活动，提高自我控制能力。应该经常主动地抑制自己性格方面易发怒的倾向性。当工作不顺心欲发脾气时，要努力控制自己，经常提醒和勉励自己，以保持良好的心理状态。只要有决心、有毅力，火暴型性格是完全可以控制住的。如果放纵自己的心理活动和行为，不仅会湮没已有的才华，而且会把自己导入与客观现实抵触，四处碰壁的深渊。火暴型性格的领导者，在性格的修养上，要注意培养宽容大度的胸怀。明朝的冯梦龙在《广笑府》中有个故事：一家人父子性格俱刚，不肯让人。一天家中请客，父亲让儿子去买肉，在城门儿子正遇上一人对面而来。双方互不相让，对立很久。父亲在家做菜等着肉下锅，着急得没有办法就去接人，见到儿子在与人对峙，便对儿子说，你把肉拿回去，好让客人吃饭，我来与他对立。这则笑话则说明了一个问题，就是互不相让的做法于人于己都无益处，只有互相忍让，才能化解矛盾，忍让就要有宽胸怀。易怒者通常都是气量狭小者，多数的怒气不过是过于计较一些小事。在原则问题上要是非分明、毫不含糊，但在一些非原则的小事上，对同志之间的摩擦，则要从大局着想，以事业为重，有理不妨让三分，有理不在声高，有理不能逞强。有了这种宽容精神，领导者就不会为一点小事而耿耿于怀。

3. 直率性格的优劣

有些人说话直率，从抽象的意义上讲，直率既不能说是优点，也不能说是缺点。关键要对具体情况进行具体分析。要看是不是从实际出发，实事求是。要看说话的对象、环境、条件、时机，尤其要看说话的内容及其性质是否允许。如果直率的言论是从实际出发的，直率就会起到一针见血、观点鲜明的积极效果。如果因一些因素不需要直率，或不允许直率，那么，冒冒失失地直率，就很容易把事情办坏。由此可以看出，不管在什么情况下，什么场合上都直率，效果不一定好，甚至会很坏、很糟。直率作为一种语言技巧，随机而用，但不可随便乱用，更不可脱离实际、掺杂恶意。直率不能不顾实际，想说什么就说什么，必须尊重事实符合实际。如果脱离实际，就是胡言乱语。如果看到什么就说什么，那就是"大炮筒子"。因此，做事要有对事业对同志的高度责任心。只有这样才能达到促进工作发展，促进他人进步，促进集体团结的目的。反之，只图个人痛快，只图自己舒服，不计后果，这种直率于党的事业、于集体、于同志极不负责任，是非常有害的。

4. 领导个性对选拔任用干部的影响

在日常生活中，我们会发现某一任领导总是喜欢某一类型干部，而又特别冷淡甚至厌恶另一类型干部，另一任领导却又有所区别或完全相反。换一种说法，一任领导任用的对象总会有某种共同的特点。按选用对象的自身特点分，可以分为经验型、知识型、稳健型、活跃型等。经验型干部主要特点是阅历比较复杂，处理日常事务得心应手；知识型干部一般具有学历高、知识面广、理论水平、理解能力、适应能力强，易于接受新生事物，政策吃得透，原则把得准等特点；稳健型干部则是办事稳妥，处世老成，为人谨慎，处世乐观，爱好广泛，工作有开拓精神等。从领导个性与选用对象之间的联系来分，可以分为影子型、反差型、倾向性等。影子型，就是平时所说的啥样的领导喜欢啥样的人，从选用对象身上可以体现领导者自我，有的体现在性情的苟同，有的反映在经历的同辙，有的则表现在喜好的一致等。反差型，就是有的领导总是喜欢把与自己反差较大的人作为选用对象，文诸葛喜武云长，粗李逵爱细燕青。倾向性，也可以称作微妙关系型，就是虽说讲不清某一个领导为何喜欢选用同一类型干部，但这种选用倾向却具有稳定性和一贯性，所谓汉喜燕瘦，唐爱环肥，楚王爱淑女细腰，赵王爱胡服骑射，均归此类。此外，按年龄分，有的领导偏爱年长老成，有的偏爱年轻有为。按地域分，有的领导又常以地为界，偏爱老乡等。领导个性的形成和发展都具有很大的随机性。因此，领导个性可以与社会准则殊途同归，也可能与社会准则大相径庭。把选用干部个性化，以个人好恶决定干部任免升降，必然削弱组织原则的约束力、影响力，甚至会丧失组织原则，与社会需要相冲突，不利于改革、发展、稳定的进行。拘于一格选人才，容易造成人才的浪费。正如一个历史故事中所讲的，汉代有一个三朝老臣，才华横溢，但文景当朝喜老臣，他却风华正茂，武帝临朝重少年，他已年迈，始终未被重用，最后含恨而亡。在实际工作中看出，领导者对自己从个性出发任用的干部，信任感一般都明显高于其他人，易于"一叶障目，不见森林"，而被任用者对领导者的亲近感也明显强于其他人，一味顺从，投其所好，难以实施民主监督，从而助长了官僚主义、宗派主义等不良风气。

5. 女性领导者要防止的偏颇

许多跻身于领导岗位的女性，有时有这样的感受：尽管自己奋发向上，竭尽全力地工作，却总有一些困惑和力不从心的遗憾。究其原因固然很多，但从一般女性领导者自身的角度看，一个重要的原因就是女性领导工作中易入一些偏颇。在长期的传统文化熏陶下，女性易于形成顺从、依赖和安分的心理。她们往往偏重于直觉和经验，运用抽象思维显得少一些。因而，步入领导岗位，容易步入墨守成规的误区。在实际工作中，女性领导者既以稳妥可靠为优势，又以因循守旧见不足。为了追求稳妥，往往习惯于紧紧依附上级的指示和以往的经验，而缺乏创新的愿望和勇气。由于缺乏抽象思维的能力，常常会在纷繁复杂的事物和现象面前，缺乏独立解决问题的能力，从而显示出自身决策能力的不足。女性在实际生活中往往习惯于扮演安慰和照顾别人的角色，常常会把别人的事情和压力揽为己有。这就导致女性在领导工作中，一方面表现出强烈的责任感和自我牺牲精神，另一方面又会陷入事必躬亲和面面俱到。如果授权于人，往往会令她们感到未尽全责。因此，亲自动手的多，授权于下级的少。其结果不仅使自己陷入繁杂的事务堆中，放弃了领导者的基本职责，而且挫伤了下级工作的积极性、主动性和创造性，影响了部属积极性的发挥。与男性相比，女性更看重他人对自己的评价和人际关系的和谐。她们中的大多数人会把寻求赞许视为一种不可缺少的需要。为满足这一需要她们往往会对各方面的要求来者不拒，以致走进有求必应的误区。不可否认，有求必应是一种良好的愿望和值得赞许的精神，但作为一种领导工作方法却不足为训。那种做法结果往往事与愿违，不但不能满足寻求赞许的心理需要，而且会扰乱正常的工作秩序，降低工作效率，甚至会影响团结，遭人疑忌。追求完美的期望使她们对人对己都表现出挑剔与苛求的心态，既无法享受成功的喜悦，又难以得到他人的合作。她们时时处在焦虑不安的状态，担心他人的评价，特别是带有某些批评性的评价。一旦达不到完美主义的标准，她们便怀疑自己的能力，给自己带来自我挫败的压力。

6. 性格的优化

优化领导者的性格品质，是提高领导素质的一个重要方面。比如培养刚柔相济的弹性性格。刚者，刚强而不固执，刚毅果断而不刚愎自用。柔者，柔和而不软弱，以柔胜刚而不优柔寡断。这种刚中有柔、柔中带刚、刚柔相济的弹性性格，是领导者要实现有效的指挥能注重培养的性格。要培养平易近人、和蔼可亲的性格。指挥应是充满友爱的指导，也就是要捉住人心，激发潜能。这种潜能，任何人身上都有，问题是如何发掘。在工作实践中，我们发现每个人都有自己的特长，都有自己的发展潜力，而问题的关键是领导者怎样充分发现和调动大家的积极性，充分发挥大家的才能。应该说，世界上没有无用的人，没有无才的人，只要领导者真心地关心、爱护、帮助，可以肯定地说人才的潜力是一定会发挥出来的。领导者有着平易近人、和蔼可亲的性格，对所要进行的工作内容，经常同下属交换意见。拟定计划同大家商量，同被指挥者思想交融，感情相通，做到"将察民情，兵识将意"。尽量解决下属欲求的不满。这样的领导，就能抓住人心，发挥人的潜能，起到事半功倍的效果。实践证明，你能听下属的，下属就能听你的。

三、领导者要有较强的适应能力

适应能力是领导者在领导活动的过程中适应环境条件变化而形成的能力。它是领导者必备的能力之一，离开了这种领导能力，就是一种机械的行为。缺乏这种领导能力，就无法应付多变的情况，尽快进入领导角色，产生良好的领导效果。

1. 适应能力是领导者必备的素质

单位和职务的变迁，需要领导者具备适应环境的能力。但作为领导者本身而言，到一个新地方、换一个新单位，面对的是一张张新面孔，接触的是一个个新问题，看到的是一块块新天地。适应的问题就显得尤为重要。纵观古今中外的官制不难看出，一个领导者，在一个单位待一辈子，是极个别现象。干部不交流，活力不常有。职务的变动，需要领导者具备适应新岗位的能力。职务的变化，给领导提出了适应环境的要求。有的领导者说话办事与他的职务、地位不相称。俗话说："在什么山上唱什么歌，演什么戏儿打什么锣。"领导者需要这种适应的本领。分工的变换，需要领导者具备适应业务的能力。一个领导班子虽然是一个整体，但从工作的有利性出发，必须作出适当的分工和必要的工作变换。分工一旦确定，你就必须千方百计熟悉业务展开工作。否则，将贻误大计，影响事业，影响威信。干一行，爱一行，钻一行，通一行，努力掌握工作的主动权，这是事业对我们每个领导提出的基本要求。领导者只有适应其不断变化的情况，才能有效地实施领导。领导者只有根据情况的变化发展，及时调整部署采取对策，才能正确地实施领导，收到良好的效果。只有具备了较强的适应能力，才能成为一名合格的领导者。

2. 适应能力是领导者提高素质的途径

一个成功的领导者，他的成功之处，往往在于能把那些人人想不到的事，变成人人做得到的事。做到这一点就应该具备适应能力，提高适应能力要具备以下方面：一是学习理论。江泽民同志号召各级领导干部要把读书学习作为终身之任务。要"老老实实地学习，努力掌握新知识，不断增长新本领。"适应能力的培养和提高，离不开读书，不读点理论书籍，不学点哲学是不行的。英国大哲学家培根说过："阅读使人充实，……史鉴使人明智；诗歌使人巧慧；数学使人精细；博物使人深沉；伦理之学使人庄重；逻辑与修辞使人善辩。"这段论述深刻指明学习求知与全面提高素质的内在关系。古往今来，凡是有作为的领袖和将领无不通古识今。汉代刘向说："书如药也，可以医愚。"人们可从书本中得到启示，增长智慧。古今中外，明君圣帝，无不以读书为重。二是搞好调查研究。要熟悉一项工作、熟悉一个单位、熟悉一个地方，深入调查研究是一条主要途径。只有这样，才能掌握工作的主动权。1824年，江南"高家堰十三堡，册下六堡被大风掣坍，洪湖水泛滥"，道光帝令林则徐赴南河督修堤坝。林则徐刚到工地，两眼一抹黑，浑身是智也使不出，浑身是力也用不上。为了尽快进入角色，掌握"领导"的主动权，林则徐起早贪黑地到工地察看，虽雨天也素服坚持查工，很快取得了指挥权，俨然一位治水专家。修堤百姓竟不知他是一位一品大官，只知道"向来出工从未有如此精核者。"可见，善于调查研究，对于提高领导者适应能力，掌握工作主动权是很重要的。三是多接触群众。一个领导者要尽快适应环境，掌握真实情况，要多接触些基本群众。清代唐甄在他的《达政篇》中说的"独骑省从，时行乡里，入其茅屋，抚其妇子，民不以为官，无隐不知"，就是讲的这个道理。因此，只有进"寒门"多认人，才能"无隐不知"，全面把握内情。才能适应复杂环境，果断地作出决策，有效地实施领导。四是勤思考善总结。领导者的适应能力，具有联系和发展的特点。勤思考、善总结，不断借鉴过去的成功经验，吸取过去的失败教训，将会不断地丰富自己，从而适应各种环境、条件和情况，达到预期的领导效果。

3. 领导者要有劝说诱导的能力

领导者具备适应能力的同时还应提高劝说引导的能力，因为凡事要成功，都要讲究策略艺术。在领导活动中，涉及许多劝导、说服人的工作，只有熟悉劝导的心理策略艺术，才能扣人心弦，使人心服。在劝说他人时考虑到对方的心理承受力，一次不提太多太高的要求，而是先从小处着眼，从低标准入手，向他提出对他来说很容易办到的要求，一旦打开其情感的缺口之后再步步深入，最后达到劝说目的。战国时齐国有个大将叫田婴，他要在薛地建筑城墙，门客纷纷劝阻，他执意不听，并吩咐手下的人，拒绝接见一切来劝说的人。当时齐国有个人，知道找田婴直接劝阻很难，于是就请求向田婴说三个字就了事。并保证：

"如果多说一个字，就请把我烹死。"田婴听说这人只说三个字，如果不答应岂不显得太不近情理了吗！于是接见了他。他见到田婴就说："海大鱼。"说完便走。谁知，这一下田婴倒想知道"海大鱼"是什么意思，就说："客人留下。"客人说："我可不敢拿死当儿戏。"田婴说："没关系，请讲下去吧。"客人说："你没有听说过大鱼的故事吗？那大鱼在海里，网捕不住，钩不能钩，但它如果脱离了水，那么蝼蛄和蚂蚁都可以对它任意欺凌。现今齐国，也就如同您的大海，您长期得到齐国的庇荫，还筑薛城干什么？如果失去了齐国，即使把薛城筑得像天那样高，依然没有用。"田婴说："说得有理。"于是停止在薛地筑城。大量的心理学研究实验证明，如果我们提的要求与对方的原有态度差距过大，对方会感到难以接受，甚至会产生反作用。如果小步地提出要求，不断缩小差距，则人们较容易接受。所以要改变人们的态度，不能操之过急，最好逐步提出要求，小步为大步，这才是劝说的高明之策。还有一种现身劝说法，它可增加可信度，使人觉得你所说的观点实在可学，会使人认识到："人家说的都是经验之谈，我应该认真借鉴才是。"这种认识一旦确立，就会产生积极的模仿效应。有一个青年干部，讲话不太注意场合，许多人规劝都没有明显效果。有一次，领导找他"现身说法",他说:"我在大学刚毕业时,一遇见看不惯的事,不管别人能否接受,一律批驳不误,常常使人丢面子,还捅了大娄子。有一次开会,我发现领导讲话某处讲错了,便当场给他指出来,他觉得很难堪,以后,领导的态度也变了,还多次刁难我。当然这是不应该的,但我说话不注意场合,丢了他的面子,这也是事实,假若当时我找个合适的场合,向他谈谈我的看法,也许不会有这么糟。这个教训使我懂得了讲话要注意场合。"领导的现身说法,终于改变了这个青年干部讲话不注意场合的毛病。

总之,领导者的适应能力和劝说诱导能力,都是领导者综合能力的重要组成部分,是领导活动中一个永恒的课题。它需要每个领导者积极地自觉地有意识地去培养和提高。

四、领导者的情感

情感是人对客观事物是否符合自己需要态度的体验。人对外部事件的认知评价是情感产生的决定性因素。它是一个十分复杂的系统,不仅包含十分丰富的社会内容,而且表现为复杂多样的情感状态。这是通过人的切身感受将人同外部世界联系起来。因此,领导情感在领导活动过程中起着重要的作用。

1. 情感是进行领导活动的直接动力

情感是人的心理和行为过程的直接动机。心理学家汤姆金斯提出，人的情感与人的生理内驱力共同构成人的心理和行为过程的动机。他认为，当人在生理上有需要，而且伴有一定的情感趋向时，便构成动机。在情感研究中，心理学家发现，即使在缺乏生理内驱力时，情感也可成为足够强烈的驱动力量。如人为了某种社会理想可以舍弃生命，这里作为动机便是对某种社会理想强烈而深厚的爱的情感。作为领导者，下属对你的敬，来自你对下属的爱，这是被无数实践所证明的。人的每一行为，都须经过情感的体验，不管是被体验为正性或负性情感的，都会驱动人们对人进行正、负性处理。但是，人对其活动目标的正性情感越强烈，对人的活动的驱动力也就越强烈，对人的活动的驱动力也就越大，这是正常规律。领导者对领导目标的正性情感构成领导活动的直接动力。这种情感越强烈，领导活动的动力越大，其成功的可能性也就越大。一个对领导目标怀有浓烈而深厚情感的领导者，一定会全身心地投入领导过程，如本来不具备某方面领导艺术的人也可能会成为伟大的领导艺术家。在美国南北战争中，几乎没有什么战争知识和战争经验的林肯，出色地指挥了这场战争并取得了最终胜利，"终于成长为一位战争指导艺术的大师"。

这除了他超凡的智力与精力因素之外，他对美国人民诚挚的爱，对这场战争目标深厚的正性情感，是一个重要的因素。

2. 领导者的情感状态

情感状态是相对于情感内容而言，它包括情感的类型、强度以及某一时期的情感心境等。人能否适应社会或职业的需要将自己的情感调整到最佳状态，这反映了一个人情感状态的修养水平。领导者的情感状态能否达到相当程度的修养水平，直接关系到领导者在被领导者心目中树立的形象。人的某种情感的强度并不始终如一，可能大喜也可能大悲，喜至忘形或悲至失态，其形象都不美。特别是在群众期盼领导者拿出好主意好办法的关键时刻或紧急关头，如果领导者能够沉着冷静，保持适度的情感强度，则势必给被领导者一个持重美的形象。特别是在困境中，如果领导者保持情绪高昂，起码证明他有充分的信心和能力克服困难走出困境。这样的领导形象本身就会吸引他的追随者。领导者情感状态与他的领导环境相适宜可以体现其形象美。菲律宾前总统马科斯下台后，阿基诺夫人特别注意自己的情感状态与领导情境的适宜。当时，马科斯夫妇奢侈豪华的生活方式引发菲律宾人民强烈不满情绪。在这种领导环境下，阿基诺夫人因服饰简朴而著称，她以同人民群众的情绪相一致的情感状态征服了本国人民。显然，领导者的情感状态与领导情境相一致是十分重要的，它可以将领导者融入群体，使群众感受到可亲可敬可爱的美。

3. 干部提拔重用后的感恩心理

近年来，干部提拔重用后，"受职公庭、谢恩私门"的感恩心理与行为表现得越来越突出。其动机各异、形式多样、层次有别，应当引起注意。几千年来，在我们中华民族的传统文化心态中，维系人们之间各种关系的交往准则尽管很多，但披沙拣金最核心最集中的却是一个"报"字，汉语词典中的报恩、报德、报答、报偿、报效、报酬、报复、报仇、报应、报怨等，都是"报"这一最本质的交往准则的不同表述。而其中尤其备受推崇的是"投我以木瓜，报之以琼瑶"、"滴水之恩，当涌泉相报"、"知恩不报非君子"等等。以上种种心态，均是人之常情，是人善的本性，人是感情动物，感恩这种温馨的心理在人类的社会生活中，有着极为重要的作用。人往高处走，水往低处流，几乎每一个干部都是希望被组织上提拔重用的，都有着一股"成长"的强烈心理欲望。某一个干部一旦被提拔重用后，其内心深处的感恩意向是强烈和复杂的。物欲报答型，这是一种较低层次的感恩方式。一些干部被提拔重用后，内心里总思念着要好好地感谢报答领导一番，于是思来想去，"礼轻情义重，请领导笑纳"。另一种是"贿赂类"，这一类干部德才素质较差，提拔的途径大多也不怎么正经，其一旦提拔重用后，更加深信"世路难行钱作马"一类道理，其感恩的钱财"大方"得很。效忠结网型。这是一种形态和内容都比较复杂的感恩方式。其主要表现为用人者和被用者之间，有一种政治观点、思维方式、行为习惯、兴趣爱好、心理特点、地域出身、生活道路等等方面的相同或相类似，在企求一荣俱荣的基础上达到紧密聚合。亲戚朋友、同乡同学、师生战友等之间，容易形成这种相互关照、相互纠结、相互偏袒的关系。当某一个干部因这一种关系而得到提拔重用后，他会更加感到这种关系的温暖体贴和重要，他会不遗余力地去为"兄弟姐妹们"效劳护短，他会从政治倾向、物质利益等方面去尽心尽力地感恩，并毫无疑义地成为这一关系圈内的"马前卒"和"骨干分子"。事业激励型。这是一种高层次的感恩关系。其主要表现为，被用的干部本是德才兼备的好干部，但由于以前未遇伯乐，处于遭埋没弃置的境遇，一旦受到有识才之眼、爱才之心、用才之胆的领导的发现和赏识，得到了提拔和重用，为自己施展才华提供了机会和用武之地，实现了自己的人生价值，其内心深处的感激之情是非常之真诚的，他们会更加严格地要求自己，鞭策自己，决不辜负领导的培养和信赖。有这种"士为知己者死"的感恩心态和行为，他们会迸发出火一样的工作热情，实实在在地干出一番事业来。对干部提拔重用后的感恩心理，要加以实事求是的分析，进行正确的引导，这对于了解干部不同时期的思想动态，把握干部不同时期的思想脉搏，调动干部的工作积极性，从而教育、管理、使用好每一个干部，做好各方面的工作具有十分重要的现实意义。

4. 不健康的几种情感表现

某某是哪里人，某某是从哪里调来，他和谁是什么关系，几乎成了头一件要弄清的事。此观念一强就极易形成小圈子，画地为牢，稍有不同，就很难形成整体合力。在自己的势力范围之内，筑起牢牢的篱笆，犹如老农精心耕耘的自留地，决不允许他人轻易闯入。奉行知足常乐，安于现状极易满足。总是同自己过去比，同不如自己的部门比，或者找出种种理由，强调种种困难。给领导造成一种已经十分努力的印象，形成一种已经很不错的感觉。在这种观念、心态的支配下，事成了喜悦溢于言表，失败了照样喜滋滋。事先不去想，想了不敢讲，讲了也不做。会上不声响，并非无话讲，而是另有谋虑，以不变应万变。事成之后，不管出现何种局面，他都有真知灼见。有的领导者违心表白，一旦人转过背，马上就变脸，新账老账一起算。有的领导遇人三分敬七分防，说话腔调圆平，处世八面玲珑，办事四平八稳，在此心态下，什么朝气、锐气、灵气、勇气，一经过滤，就变成一个味一个腔。工作中遇到难题，自己就缩在一边。由于躲得巧，讲得好，反而给人留下热心、积极的印象。

总之，领导者情感价值趋向的真善美对领导过程起着重要作用，拥有丰厚的情感内涵和相宜的情感状态，这是一个优秀的领导者所必备的情感条件。

五、领导者"挑剔"心理的调适

领导者在岗位实施管理，向上下左右传递输出信息的同时，总是伴随一定情绪，诸如愉快、忧郁、愤怒、烦躁等，这些复杂的心理情绪纵横交错，就构成了领导者的心境。"挑剔心理"是领导者在处理上下级关系过程中形成的一种病态心理。有些领导不注重心理素质的修养，凡事皆以我为中心，颐指气使，对下级求全责备、冷嘲热讽，久而久之就形成了"挑剔成癖"的疾症。

1. 领导者"挑剔"心理的成因

领导者若是带着低沉郁闷等不良心境工作，则自身心理思维迟缓、思路堵塞、精神颓唐，甚至"城门失火，殃及池鱼"，觉得下属一举一动都不合要求，滥用批评，造成所在部门或单位气氛紧张，从而降低工作效率，瓦解士气。由于心境的感染作用，领导者的不良心境会使下属也感染上消极情绪，影响正常的人际关系，如产生逆反心理，甚至出现"顶撞"行为。领导者的不良心境若不能得以控制，就会出现一些不良现象。严格控制下属的一举一动，要他们绝对服从自己的意志和愿望，这样随意支配，必然伤害下属自尊心、自信心。不管下属个性特点，不合心意就傲然视之不予理睬，使下属觉得上下关系阴冷，工作无乐趣。对下属要求过高、过急，当达不到要求时随意训斥，使下属自尊心受到严重打击。领导者的作用，确定了在工作目标的酝酿过程中是预测者，在决策过程中是拍板者，在实施过程中是组织者，在同其他关系处理上是协调者。被领导者在完成任务的同时，人生价值得到实现，对领导者也就日渐萌生服从、敬重之感。这种服从、敬重既是对领导权威的认可，也是领导艺术在群体中的实现。但如领导者着眼于表面现象，过分追求权威效应，久而久之就会走入极端，滋生"顺我者昌，逆我者亡"的权威心理。

这种心理的流露无异于在上下级之间竖立起了一道屏障，隔断与群众的接触和交往，引起群众对领导的反感和背离，致使领导在群众中的信任度急剧下降。德高望重的领导对这突如其来的情感变化缺乏必要的心理准备，对群众的冷漠感到莫名其妙，从而形成强烈的心理反差，这种反差诱使领导不自觉地运用在群体中的角色优势对被领导者吹毛求疵，以期夺回失去的权威。另外，习惯心理在领导活动中起着举足轻重的作用。由于习惯心理的影响，领导者都希望所负责的工作能够朝着既定的目标按部就班、有条不紊地进行，在现实生活中，总有一些人感知新思维，接受新观点，应用新方法的节奏要快于常人。这种快节奏所表现出的超前心理与传统节奏不可避免地要形成摩擦产生矛盾，其焦点就是对习惯心理的反叛与否定，反映到角色关系上就是对领导者的冲击与挑战。为维护群体心理的平衡性，保持整体结构的稳定性，削弱超前心理的离心力，领导迎接挑战的最简易手段就是先发制人，以习惯心理统领全局，形成对超前心理和行为的挑剔。可见，领导者不良心境坏事损人。

2. 领导者应有健康的心境

领导者要不断提高自我修养，要对自己的性格、气质、能力等有较全面的客观的了解，要根据外界评论积极调整自我认识。对自己要求既不过奢、苛求，也不贬低自责。为人处世能够拿得起放得下，钻得进出得来，收得拢想得开，在心底立起一个坚强的我，这是预防不良心境的基本原则。在工作中，我们经常会发现这样一种现象，一方心理比较平静，却引起另一方不平静的心理，从而导致不良心境，正像大自然中的瀑布一样，上面平平静静，下面却溅花腾雾，这就是"瀑布心理效应"。如一位青年干部早晨上班，路遇一位年老下属，他热情招呼，但对方有急事，只"嗯"了一声就擦肩而过，这位领导却以为老同志有意冷落自己，越想越气，竟产生了隔阂，这显然是"瀑布效应"在作怪。预防这种不良心境，领导者要有宽容精神，不要为小事而心存芥蒂。要克服易喜易怒、敏感脆弱、猜忌多疑等消极心理，努力提高心理成熟度，做到"猝然临之而不惊，无故加之而不怒"，蒙受委屈亦不必耿耿于怀，胸怀坦荡，大度达观，提高接受精神刺激的能力。在"怒发"将要"冲冠"之际不妨自问一下，发火的后果是什么，怎样使自己不过分激动，这样一来，就能够不被表面、无关、偶然的现象所迷惑。对于下属的不良心境，领导者要有清醒的头脑，做好下属的心理疏导工作，防止感染上不良心境。面对失意下属，作为领导者应体察下情，及时安慰排解。领导者若能给他们创造一个宽松的环境，让下属一吐心中的不快，继而进行换位思考，或许能使他们茅塞顿开、柳暗花明。还要尽力为下属解决实际困难，以帮助改善下属的不良心境。领导者要深悟"尺有所短，寸有所长"的用人道理，使群体运行机制达到最佳配置的状态。一个高明的领导要充分运用集体智慧，想方设法消除群众的后顾之忧，为群众创造良好的工作环境。领导者具备了强烈的服务意识，群众就会为领导崇高的人格力量震撼而自觉转变作风，改进方法，为领导活动的顺利开展竭尽全力，这样上下之间就会日渐增进了解，加强沟通，融洽感情，困扰领导行为的"挑剔心理"的痼疾就会不治而愈。

六、创造性思维方式对领导者的启迪

科学的生命在于创造，没有创造便没有科学的发展。而创造需要通过创造力来实现，没有对人创造力的开发就不可能产生科学事业的开拓者。人的一切思想都是由思维决定的。思维方式则是思维的桥梁。思维方式正确，思路就对头，言行就得当，事业就易于成功。因此，当自己的思维方式不当时，就需要及时地变换另一种思维方式，使之与环境和对象适应起来。

1．创造性思维是领导者成功的必由之路

人的创造力并不是抽象的不可捉摸的东西，它是提出新问题、解决新问题、创造新事物的能力，最重要的支撑条件是人的创造性思维。创造性思维之所以能够不断揭示客观事物的内在规律，成为人类认识自然、改造世界的思想武器，最根本的原因就是其思维特点符合人类认知事物的规律。创造性思想是一种以高度扩散联想为核心的分合思维，在控制客观事物发展内在联系的过程中，它能及时中断逻辑思考，把本来联系着的对象分离开来，适时进行扩散思考，把看来不可能联系的对象在新的条件下联系起来。我们不妨分析一下世界名人的思维方式。牛顿发现万有引力定律的思维过程：牛顿坐在苹果树下，当掉落的苹果砸在他头上时，他的思路是这样展开的，看来重物是可以下落的，可能地球对物体有一种引力吧。树再高一些也是如此吗？应该是。如果树长到月亮那么高苹果也会掉下来吗？似乎也应该如此。那么月亮为何不掉下来呢？至此逻辑思维的思路中断了。他又将思维扩散联想到另一个方向上，假如在山顶平射一颗炮弹，这炮弹将落在山脚下不远的地方，加大射程，会落在更远的地方，无限加大发射力，这炮弹不是会围着地球常飞不落吗？看来地球对它的引力与其离心力是平衡的。到此，思路又没有了。于是，牛顿又把这

"常飞不落"的炮弹和月亮联想到一起，月亮绕地球旋转不近不离、常飞不落，不正像这颗炮弹吗？莫不是天体之间也有一种引力，万有引力定律思想的萌芽就这样生产了。这是一种扩散联想参与与直觉跳跃思维的巧妙结合，是集中思维与扩散联想的有机统一。它的可贵之处就在于：当问题没有思路时及时地中断逻辑思考，把本来联系在一起的对象分割开来；适时进行扩散联想，把看来不可能联系在一起的对象联系起来，从而产生了新的设想。

从哲学的角度讲，创造性思维就是改变事物之间的原有联系，构建新的联系，以创造新的事物，其中最重要的因素是寻找或设立条件。因为改变原来的联系需要条件，把看来不可能联系的对象之间构建起新的联系也需要条件，条件越多联系的途径就越多，其创造的价值就越大。恩格斯说："辩证法不知道什么绝对分明和固定不变的界限"，世界上的事物是普遍联系着的，"一切以条件、地点和时间为转移。"可见，人类所独具的创造性思维是有坚实的哲学基础。人类社会的突飞猛进，科学史上的发明创造，无不导源一种具有极大灵活性、变通性和普遍性的创造性思维所起的作用。

创造性思维的运用是极其广泛的，因此每个立志创造的人都应培养创造性思维的能力，这是开发创造力的最重要途径。实际上以扩散联想为核心的，具有分合思考特征的创造性思维并不神秘，它在日常生活中就可以培养。比如不拘形式地交谈讨论，就可以活跃思想，启迪思维，开阔视野，激发创意。一个人，即使是很有造诣的专家，他的知识对整个科学体系来说，也是微不足道的，而交谈就如同中子把头脑中静止的原子核猛烈撞击而发生裂变一样，通过借鉴别人的观点、论据、经验、方法，点燃自己头脑中的火种，从而促成重要的发明。科学史上，交谈这束中子把人的创造力通过裂变激发出来的例子不胜枚举。

2. 创造性思维是古今中外成才的"催化剂"

丘吉尔的成功主要是因为他有可贵的创造思维方式。人的内心世界就像调整运动着的原子能反应堆，蕴藏着巨大的能量。追求事业的动机是这种巨大的能量的心理驱动。丘吉尔就是在这种巨大的成就动机推动下取得巨大成功的。他还有高度的政治敏感。敏感对于任何领域的成功者是重要的，对于政治领域就更重要。一个政治家要明察秋毫，见微知著，从一叶落而知天下秋，从事物的萌芽见到发展的基本态势。只有这样才能准确预见，临危不惧，具有超乎寻常的应变能力。否则，若是事情迫在眉睫了方感觉到危急，手忙脚乱，穷于应付则危险是难以避免的。丘吉尔的成功，就是紧紧地与高度的政治敏感联系着的。他能坚忍不拔。政治道路上充满危险、挫折、困难、痛苦。"保持一种不屈不挠力争胜利的信心和态度，实为做人之本，成功之本"。政治上的成功属于那种能够经得起严酷打击的人，丘吉尔就是这样的人，他具有非凡的坚定意志并以其赢得了人生的辉煌，也给祖国赢得了荣誉。第二次世界大战中的英国，经过海上和空中的生死搏斗，经过一系列的孤军奋战，终于与苏联结盟，迎来了美国的参战，最后赢得了战争的胜利。作为一个统帅，他所忍受的挫折与痛苦是比别人更为深重的。当美丽的伦敦浓烟滚滚大火熊熊，人们在血泊中倒毙的时候，丘吉尔大声疾呼："即便伦敦化为灰烬，也比沦为德国奴隶强多少倍。不管付出多大牺牲，不管道路如何艰难，我们一定要战斗下去！胜利一定会到来！不获胜利誓不罢休！"

3. 逆向思维是领导者拓宽思路的必要思维形式

掌握了创造性思维，对人们的认识有至关重要的作用。那么对于掌握好逆向思维的领导者，就会在现实生活运用中明显产生积极的效益。古代三国时期的诸葛亮就曾运用逆向思维出奇制胜，最著名的战例就是"空城计"。他知道，司马懿一向认为他用兵谨慎，不可能城中空虚而大开城门，且司马懿有多疑的特点，所以诸葛亮反司马懿的思路，偏偏给他来个"空城计"，给他造成城内有重兵埋伏的错觉，不用一枪一箭，成功地退了司马懿的大军。此已为历代传为佳话。在中国现代史上，毛泽东更是一位极善逆向思维的政治家和军事家。他往往利用逆向思维生发出新异的思想观点、诗文佳句和高超的谋略。如 1949 年 3 月，他的诗友、民主人士、爱国诗人柳亚子先生曾作《七律·感事呈毛主席》诗一首，发了一些牢骚和怨言："安得南征驰捷报，分湖便是子陵滩。"诗人自比东汉严子陵，欲回乡归隐，流露出消极情绪。毛泽东对这样一位爱国人士暴露出来的思想情绪，不能不管。他于 4 月 29 日即回赠《七律·和柳亚子先生》诗一首，对柳先生归隐进行耐心的批评、教育和劝说。诗最后两句："莫道昆明池水浅，观鱼胜过富春江。"劝柳先生打消归隐念头，挽留他住在北京，与我党合作，共商国家大事。这里毛泽东就是用了"逆向思维"，即他不是顺着柳先生"分湖便是子陵滩"的想法同意他归隐，而是反转来说"昆明池"（代指北京城）胜过他那回乡归隐的"富春江"，暗示他在北京大有作为。如此的劝说，柳先生自然悟出其中的深刻道理和真诚心意。果然，不久柳先生就写诗赞颂毛泽东："昌言吾拜心肝赤，风度元戎海水量"，并表示愿留北京，共商大事："昆明湖水清如许，未必严光亿富江"。逆向思维之所以有如此作用，是因为它使人们摆脱了单一性思维的束缚，纠正了人们对事物的片面认识，从而拓宽了人的思路，启发人的智慧，引导人们从"山重水复疑无路"的困境走来，寻找新的认识、新的途径和高明的办法。领导者既是决策者、掌舵人，又是指挥者、工作的带头人，还应是思想政治工作的能人。其智慧理应高出一般人，而逆向思维则可以使你的思维插上活跃的翅膀，引导你的工作和事业达到成功。当然，逆向思维并不是时时处处可用。在一般情况下，人们多用顺向思维，只是在遇到某些特定的环境和对象时才使用"逆向思维"。逆向思维是一种超常的思维活动，是人类高超智慧的一种体现。它广泛地运用于人们的生活、工作、社交之中，尤其对领导者的决策、指挥、协调工作颇有益处。但愿每一位领导重视它。

通过分析创造性思维和逆向思维方式，使我们了解了创造性思维和逆向性思维的特点。欲成大事者就应该打碎种种枷锁，创造一个良好的环境，实现科学思考与坚忍不拔毅力的统一，从而走出一条自我催化的成才佳径。

一个人若没有热情，他将一事
无成，而热情的基点正是责任心。

第五章　领导责任

一、领导者的责任

领导责任是领导集团和领导者对人民群众所负有的责任，其本质是由人民群众对领导集团和领导者的需要决定的。明确领导者的责任，对于搞好领导工作是非常有益的。

1. 领导就是服务

毛泽东同志说过，领导者的责任，归结起来，就是出主意、用干部两件事。出主意是决策，即指明方向和目标；用干部是任用和率领下属人员去实现目标。这都是领导者的直接实践过程，是领导活动的核心。邓小平同志对领导干部的工作性质有一个明确的界定，那就是"领导就是服务"。领导者的实践过程与被领导者的实践过程相互联系，结成一体，但又是有明确分工、可以区分的。从社会群体实践活动的历史发展过程来看，在一般的社会群体实践活动之中，分化出领导活动这样一个特殊层次的社会实践活动，也是历史进程的客观结果，是不以人们的意志为转移的，而不同层次的社会实践活动，是有不同的结构和功能特征的，是有其特殊的质的规定性和不同的活动规律的，不能完全等同于一般的社会群体实践活动。而这也正是领导活动之所以成为一个特殊的研究领域和一个专门学科的客观依据。领导责任应包含两个方面的基本内容：一是引导责任，即通过确定和宣传领导目标启发群众为实现自己的利益自觉行动的责任。二是向导责任，即通过指导、组织、带领群众开展斗争，胜利实现既定目标的责任。一切领导责任都是通过做好这两方面的工作来对人民负责的。

人民群众需要领导集团和领导者充当"引导者和向导"的愿望，在当家做主之后充分体现在按照自己的意志制定的法律之中。各级领导集团和领导者必须负起、也只有他们才能负起这种领导责任。领导集团和领导者所负有的领导责任的不可替代性，决定了他们在依法组成和到位之后，就必然承担起了相应的领导责任。领导集团和领导者必须负起领导责任，没有任何不负责任的理由。任何渎犯领导责任的行为，都会受到批评、指责甚至法律惩处。公职活动是国家官吏的义务和天职。想要获得小的成就，就必须做出小的牺牲。想要获得大的成就，就必须做出大的牺牲。想要获得重大的成就，就必须做出重大的牺牲。领导者承担了责任，就要力争取得大的收获，就要付出全力去带领大家取得新的成绩，这也是领导者应尽的义务。法定的义务，既是领导责任的来源，也是领导责任法的规定，具有相对的稳定性，在一定时期是一个不变量。领导责任在实际工作中表现为一系列工作任务，在具体的社会组织和工作部门，领导集团和领导者的引导、向导有不同的内容，其外在的表现是各自不同的工作任务，工作任务这种变量严格受法定义务不变量的制约，就是说领导集团和领导者为所在组织所确定的各项任务，必须与法律为这个组织所规定的应尽义务相适应，在实际工作中只抓一两项冒尖的工作而不能全面负责的领导集团和领导者，其失误之处就在于不能把任务和义务统一。各项任务完成的是否圆满，客观地反映了领导责任的履行情况，其物化就是领导的政绩。领导责任的本质是服务。领导集团和领导者为人民服务的确切含义，就是负起领导责任。为人民群众创造争取胜利的必要条件。因此，对"领导就是服务"的正确理解，就是要把领导责任贯穿于一切领导活动的全过程，领导责任既是出发点，又是归宿点。

2. 领导者就是领导活动的主体

领导活动是社会群体实践活动大系统的一个组成部分。系统的层次不同，其要素、结构和功能是不相同的。社会群体实践活动系统的主、客体结构，与领导活动的主、客体结构也是不相同的。因此，两者的主体也是不相同的。说社会群体活动的主体，就是总体上的主体；说领导活动的主体，则是领导活动特定范围内的主体。在社会群体活动大系统中，主、客体关系很明显是社会群体与物质自然界的关系，这里的主体自然是人类社会或人民群众，而在领导活动中，实践结构是由领导者、被领导者人民群众，和作为对象的物质自然界以及环境条件等要素组成的。既然领导活动是有其确切含义和特殊功能的活动，而主体又首先是指活动的发动者、实施者和承担者。那么，领导活动的主、客体关系，便只能是领导者与被领导者的关系，以及领导者与物质自然界和客观社会环境的关系。这样，领导活动的主体，就只能确认为领导者，包括领导者个体和领导者集体。领导责任是在领导活动中体现的，而一切领导活动都是履行领导责任的行为过程。第一，领导集团和领导者是领导责任和领导权力的统一体。领导层次和领导岗位决定了领导集团和领导者应负的领导责任。这种职责的统一，称做领导职责，要负起领导职责，需要一定的工作条件，其中最主要的条件就是领导权力。事实上从领导集团的组成和领导者的到位之日起，他们就具有了所在职位的责任和权力，这种责任和权力的统一，就是领导职权。由此可见，领导的责任和权力，是人民群众同时给予的，之所以给予权力，是因为要负起责任。在一切领导活动中，领导责任始终处于核心地位，领导权力则处于从属地位。责任制约权力，权力为责任服务。在无产阶级的领导活动中，从来没有今后也不应该有离开领导责任的领导权力。任何离开领导责任的权力对人民群众来说，都是毫无意义的，只能成为掌权者填补私欲、满足私利的工具，实质上就是权力的腐败。正是在这个意义上，列宁明确指出："保持领导不是靠权力"。因此，必须确立责权不可分、以责定权、以责御权、以责制权的观点。实现责权的最佳结合，既是历史的和现实的领导取得成功的基本经验，也是当今改革的主要着力点。第二，领导集团和领导者在领导岗位上所做的一切努力，都是为了负起领导责任。领导集团和领导者引导和向导的领导责任，决定了它的基本活动过程是决策和决策的执行。没有正确的决策，就不能负起引导的领导职责，决策的执行是带领群众前进的过程，如果指导不力，组织无方，再好的决策也不能实现。因此，"决策—实施—再决策—再实施"的循环往复过程，就是领导集团和领导者实现领导责任的过程，其中的得失成败，客观地说明了领导责任的履行程度。第三，领导集团和领导者的一切相互制约都是领导责任的制约。任何一个领导系统都是以负有领导责任的若干个单元组成的。领导职级的划分是按负有领导责任的大小确定的，其横向关系也是因各自负有的领导责任而发生的。领导集团和领导者为了负起自己的领导责任，才和上下左右的有关领导集团和领导者发生相互制约的关系。这种制约关系主要包括工作内容的指导和对领导行为及其行为后果监督两个方面。一切有效的指导和有效的监督，都是负起领导责任的表现，因而是符合人民利益的，一切无效的指导和无效的监督，都是不负责任的表现，必然损害人民的利益。领导系统中这种按照人民群众的利益需要所进行的领导责任制约。虽然在正式表现上是以权力制约出现的，但都是为了履行人民赋予的领导责任才动用领导权力，本质上是责任制约。这种责任制约的基础，是党的基本路线指引，是党和人民事业的方向，是人民群众的根本利益。

二、领导者要正确处理上级·同级·下级的关系

处理好人际关系，不搞庸俗的关系学，是一个领

导者综合修养的重要表现。作为领导者，只有善于协调人际关系，才能实现领导活动的社会功能。

1. 处理同上级的关系要有真诚的心怀

正确处理同上级的关系，实质也就是如何当好下级。处理好与领导的关系，下级服从上级是最基本的组织原则之一。对上级领导有不同的意见，可以通过组织渠道反映，但对领导布置的工作要坚决完成。作为下级：第一，要敢说真话、实话。说真话是下级最起码的，也是最可贵的品质。下级讲真话，领导就能掌握真实情况，作出正确决策。领导有时对某个文件批示不妥，某项决策考虑不周，下级敢说真话，就能供领导重新考虑，调整决策。如果下级遇事首先考虑个人得失，考虑恭维讨好领导。那么，出现问题时，领导对待下级的看法是可想而知的。因此，下级敢说真话、实话，既是对工作负责也是对领导负责。第二，勤奋工作，注重效率。领导作出决策，要靠下级来贯彻落实。特别是在市场经济条件下，领导总是希望下级用最短的时间，圆满完成工作任务，付出尽可能少的劳动成本，获取最佳效益。如果下级松松垮垮，办事拖拉扯皮，那么领导就不会喜欢，甚至还会把你调离关键的工作岗位。因为，领导再好的决策，由于有了这样的下级，也发挥不出应有的作用。工作拖拉必将会失去领导的信任，也会被同事看不起。如果不能正确认识的话，自己还会觉得人情薄受人歧视，造成不必要的心理障碍，影响自己与领导的关系。一般地说，一个下级不被上级信任和重用是一件很痛苦的事情。所以，只有勤勤恳恳地将本职工作做好，用行动证明自己称职，才能够得到领导的信任，才能使自己与上级有一个良好的人际关系环境。第三，注意维护领导的良好形象。上下级关系首先是同志关系，但也毕竟有别于同事关系。因此，即使与上级关系很密切，甚至私下是好朋友，在正式场合，也要注意下级的规范，要有分寸感，不能乱开玩笑或讨价还价，否则就会有损领导的威信，甚至引起误会。只要下级行为有分寸，又讲原则地维护领导的良好形象，那么就一定会得到领导的赏识和信赖。当然，尊重上级，维护领导的良好形象，决不意味着给上级抬轿子，吹喇叭。第四，正确对待上级。在实际工作中有时会遇到水平低的上级，容易产生不尊重的心理，甚至有时看到上级工作出现不足，也不主动协助纠正，怕上级认为瞧不起领导。其实这没有必要，重要的是当你遇到这样的领导时，如何规范好自己作为下级的角色，又如何从上级领导的角色需要出发，正确对待上级。因为水平的高低是一个相对概念，每个人都有自己的长处和不足，作为上下级也是一样。有的领导由于种种原因，可能理论水平较低，但工作经验远比下级强；有的领导文化水平低，但务实精神强；有的领导年纪大，思维不够敏锐。作为下级，如发现上级在某些问题上有不足之处时，要注意时间、地点、场合，采取适宜的方式、方法，把握好上下级之间角色规范的"度"，多做一些"幕后"工作，把不足之处弥补过来。因此，作为领导者要处理好与上级的关系，在现实工作中就要找准自己的角色和位置，做到出力而不越位。领导者在同上级相处时扮演的是下级的角色，这就要把握好自己的位置，不能颠倒主次，喧宾夺主，显露自己。还要善于领会领导的意图，适应上级的特点和习惯开展工作。同时，在上级面前还要注意做到规矩而不拘谨，大方而不紧张，以建立新型的上下级关系，更好地形成合力，共同完成所赋予的任务。

2. 处理同级之间的关系要有宽阔的胸怀

作为一名领导者，处理好上下左右的关系是一个重要的工作。而在上下左右关系中，比较难处理的是同级关系。处理好同级的关系，要有共同的使命感，要有集体的荣誉感，要有相互的认同感。事实上，同级之间除了合作关系外，还存在权力、地位、利益、成绩、荣誉等方面的竞争。而这些竞争又往往通过比较隐蔽的形式表现出来。正由于此，人们在谈论同级如何相处时，常用"互相补台，好戏一台；互相拆台，大家垮台"来形容。要友好与"对手"相处。这里的"对手"不是"敌手"，只是一种形象的说法，是事业上竞争的同志，与"对手"的关系处理得好坏对工作、对正常的人际关系影响极大。正确的做法是：尊敬"对手"。所谓"对手"就是与自己比较旗鼓相当的人，相差很远就构不成"对手"。既然是旗鼓相当的人，那么一定有值得学习和尊敬的地方。尊敬"对手"并不仅仅是让"对手"有好感，同时也是让周围的人了解你的素质和气度。从这个意义上讲，尊敬"对手"实际上也尊敬了自己。另外，要坦然承认"对手"所取得的成绩，并给予衷心的赞美。每个人工作取得成绩，都是对社会的贡献。不要因为取得成绩的人是"对手"而不愿承认他的贡献，不要觉得"对手"成绩越大，与己对抗的实力也就越强。这样认为是错误的，应该和大家一样给你的"对手"送去一个衷心的赞美和良好的祝愿。而大家也会认为你有度量，容易相处。不要随意评论同级的人格和工作，任何一个领导集体，既有正副职之分，又存在着年龄、资历、社会背景、文化素养、能力等方面的差异。这些差异是客观存在的。作为同级，不应在其他人或下级面前随便评论别人的长短、工作的优劣。涉及同级个人品质方面的问题，不能说长道短。特别是在共同的上级面前，不应随意妄加评价同级的人格和工作。必须明白随便评论同级的人格和工作，是恶化同级关系的矛盾点。不应夸大自己的工作量和难度，领导集体成员的分工，尽管工作量及难度存在着差异，但对于领导集体来说，都是不可缺少的。因此，对每个成员来说，不宜直接或间接与同级所分管的工作量多少及难度进行比较。特别是不能为使自己有利而故意夸大自己工作的重要性，这实际是暗示同级的工作任务不重要或很轻松。客观地看同级之间的竞争关系，这种竞争也是一种比学赶帮，而不应是那种互不服气，甚至互相拆台的暗斗。不要对同级的缺点或失误津津乐道，任何人都可能在工作中出现失误，一般来讲一个人一旦意识到自己的错误，内心是十分痛苦的，最需要他人的理解、支持和鼓励。作为同级，当遇到这种情况时，应充分体谅其苦处，私下里给予鼓励和支持，公开场合尽量替其承担一些必要的责任，并在征得其同意的情况下给予帮助。同级之间，最忌讳的是工作有了差错，自己推得干干净净，把毛病推在别人头上，暗自庆幸，津津乐道，对别人的错误旁敲侧击，甚至讽刺挖苦，这样会极大损害别人的自尊心，而一旦同级的自尊心受到伤害就基本失去了合作的心理基础。在工作中还要特别重视同级提出的建议，对同级的建议，不仅要详细研究，而且要将研究的结果告知对方。对同级的建议保持缄默，会使别人感到你太傲慢，还有可能说明不愿意合作。在领导集体中，不要随意插手同级职权范围内的工作，每个成员都有自己明确的分工和职权范围。如果同级间有仰仗自己资历老或与上级领导有特殊关系，而随意超越职权干预同级职权范围内的事情，是一种不团结的征兆。因为这会使人产生被人瞧不起或被人不尊重的感觉，甚至有被"夺权"之辱。因此，领导者在完成自己承担的工作任务后，要想帮助同事工作，应先征得同事的同意，并在其具体安排指导下进行。如果大包大揽，或随意改变同事的工作规范，会出力不讨好的。同时，对帮助同级工作所取得的成绩，公开场合要记在同事的头上。如果对此津津乐道，甚至自吹自擂是极不明智的。同级间有了矛盾指责别人往往较多，因为同级之间双方权力相当，发生争执往往难以平息，容易"公说公有理，婆说婆有理"。因此，同级间发生矛盾或冲突应大度宽容，要大事清楚小事糊涂，得让人时且让人，"责己在重以周，待人也轻以约"。在非重大原则问题上，要不怕吃亏，勇于自责，要有雅量，多看自己的缺点、弱点和错误，勇于自我解剖。要善于控制自己，不感情用事。同级同事之间应当真诚、坦率，而过于敏感者总是用有色眼镜去捕捉相处中的矛盾现象，就会看偏问题，弄错对象，误会同志。这样的结果，只能使人际关系进一步淡化、异化和恶化。因此，处理同级关系要积极配合而不越位擅权，明辨是非而不斤斤计较，相互沟通而不怨恨猜疑，支持帮助而不揽功推过。要克服人际交往中存在的过于敏感心理，首先要确立健康的心理导向目标，要有与人为善，与人为友的情操。不过多地从功利出发，不苛求别人。减少对同级行为的过多思虑。要知道，人际交往敏感过分，就没有真诚、友谊和合作，从而失去人际关系中最美好的东西。

3. 处理同下级的关系要有博大的情怀

从领导关系的角度看，下级是一个相对的概念，在领导系统中，从最高领导开始到基层的领导者为止，每个领导者都有自己的下级，不同层次的领导，都面临着一个处理好与下级的关系。因为，下级是领导者时时领导的具体对象。没有下级就谈不上上级，失去下级就等于失去领导，就会变成孤家寡人。下级是领导者做好工作的依靠，不管搞什么工作，都必须相信群众、依靠群众。下级也是领导者通融情感的重要对象，由于工作关系，领导者与下级接触的机会多、时间长，容易建立起深厚的友谊。有的同志不能正确地处理好人际关系，往往是因为不能正确地对待自己，骄傲、清高、看不起别人。公元前4世纪，某国有一个十分繁荣的地区，自从新的统治者继承王位掌管大权后，骄横专断，国家却日渐衰落。新统治者对此十分震惊，大惑不解。于是，他起程前去名山寺庙寻访智慧大师。大师带他默默地来到一望无际的大河岸边，大师面对河水冥思片刻，便在岸边架起一个火堆，火堆被点燃，火苗越来越大。大师让他一起坐在火堆旁，就这样，他们一直看着熊熊的火焰划破了夜空。随着黎明的到来，火焰也慢慢地暗淡下来。这时，大师指着大河开口说："现在，你明白你无法和前统治者一样维持管辖地区繁荣的原因了吗？"新统治者面带困惑和羞愧，他并没明白大师的用意："请原谅我的无知。我还无法理解您赐予的智慧。"大师说："请回想一下，昨晚呈现在我们面前的火焰，它是那么的强大和威武，它自高自大地向上跳跃和呼叫着。相反，再想一下这条大河，它起源于远山的溪流，时快时慢，但总是向下流淌着，它心甘情愿地浸入大地每一块凹陷，谦恭是它的天性。说到底，一时熊熊的烈火遗留下的仅是一把灰尘。而平静无声的河水却永远不停地流淌，越来越宽、越来越深，一旦到达浩瀚的大海，它将获得永恒的生命，产生前所未有的威力。"如果把自己看得完美无缺，在任何方面都超过别人，那就不可能正确对待别人，也就不可能在群体里把关系处理得很协调。正确处理同下级的关系，实质也就是如何当好上级，正确处理用人与用权的关系。是凭能力还是凭权力压人，作为上级显得尤为重要。如果政策理论水平高，有远见卓识，有开拓进取精神，善于抓战略性、方向性、关键性问题，开展工作有新套路，作风民主，气度豁达，下级必然心悦诚服。如果领导以权代能，说话不在理，办事不在行，刚愎自用，独断专横，不管权力多大，也必然不能服人。即使下级不敢对你怎么样，也是暂时的，而且工作起来也必然是消极的。因此，作为上级，不要把自己的权力看得过大，不要动不动就拿权力去压下级，而应该靠真本事使下级诚服。

三、如何变反对者为支持者

领导者都可能有自己的反对者，如何处理好这一问题，则因领导者素质、态度、方法不同而效果各异。有的面对反对者恼羞成怒，视为"眼中钉"，有的无可奈何、束手无策，有的则是虚怀若谷、驾驭有余。一个领导者有自己的反对者，这并不是件坏事。相反，从某种意义上说是件好事。如果领导者经常只能听到一种声音、一个调子，这很容易使领导者陶醉，滋长骄傲自满、停滞不前的情绪，从这种意义上讲，要正视反对者，还应当保护反对者，变反对者为支持者。

1. 领导者要化消极因素为积极因素

反对者反对领导者的原因是多种多样的，只有弄清原因，方能对症下药。对思想认识问题，应多做说服工作。对因为个人目的未达到，或因坚持原则得罪过他，一方面要团结他，一方面要旗帜鲜明地指出他的问题，给予批评与教育，切不可拿原则做交易，求得一时的安宁与和气。要冷静地分析反对者反对领导者的原因，区别情况适当处理。一个正直、成熟的领导者应勿计前嫌，处事公道，这也是取得下属拥护和爱戴的重要一条。反对者最担心也最痛恨的是领导者挟嫌报复、处事不公，领导者必须了解反对者这一心理，对拥护和反对自己的人要一视同仁，不可因亲而赏，因疏而罚。只有这样，反对者才能消除积虑和成见。有亲有疏，无论领导者是否承认，这是不可否认的客观现实。因为在一个单位中总有一部分同志由于思想、性情、志趣与自己接近，容易产生共鸣，获得好感，赢得信任，这种亲近关系常会无意流露出来。而那些经常反对领导者的人，在一般人看来是不讨领导喜欢的，无疑与领导的关系是"疏"的。领导者与被领导者之间的"亲疏"，是下属最为敏感的问题。如果一个领导者对亲近自己的人恩爱有加、呵护包容，而对疏远者冷落淡漠，苛刻刁难，那么团体内部必然产生分裂，滋生派性。正确的方法应该是亲者从严，疏者从宽，这样可以使反对自己的人达到心理平衡，消除彼此间的隔阂和对立情绪。领导者要关心下属的疾苦，决不可袖手旁观，置之不理，尤其是主动帮助那些平常反对过自己的人。只要符合条件、符合政策，就应毫不犹豫地帮他们解决实际问题。哪怕一时没有办到，只要你尽了努力，付出真情，自然会得到回报，他们就会变反对者为支持者，化消极因素为积极因素。

2. 领导者应多听不同意见

一般情况下，下级给领导提出不同意见在心理上有压力，主要担心会得罪领导，恐怕伤了面子。在迫不得已要讲一些不同意见时，要么吞吞吐吐，要么婉转含蓄或轻描淡写。直截了当和一针见血地指出问题的较少。这样，领导者就很难了解问题的真相和提意见人的真正意图。时间一长，也容易忽视这些不同的声音，仍然按照自己最初的想法去办事。当有的同志受到某种刺激而不能自制时，他的不同意见太尖锐，甚至有人身攻击。这时，领导只有愤怒和反感的情绪，根本不会考虑意见的合理内容。有些只是在以后才醒悟到部分意见是正确的。其实人人都知道应该多听不同意见，这样可以少犯错误，把事情做得更好一些，但在实践中却常常做不好，主要的原因还是自以为是。实践证明，如果给一个人提出不同和相反的意见，有可能伤害他的自尊心和威信，很有可能因一句话而失去几十年的友谊，甚至受到冷淡，直至遭到报复。这就提出了两个问题，一是提意见的目的是什么，无非是要让别人采纳改正。如果是这样，提意见者应做到所提的意见相对客观全面和准确一些，应该是诚心实意为了对方把事情做好。二是如何保护提出不同意见的同志，在这方面不能仅靠领导者素质的高低来决定，要重谏纳言，实行对领导的监督，彻底改变一些领导干部"老虎"屁股摸不得，要纠正"一摸即跳"、"一触即叫"的现象。

3. 要善于团结反对自己反对对了的人

领导者要团结人，尤其能团结反对自己反对对了的人，团结比自己聪明有本事的人。放下架子，向比自己高明的部属学习，取长补短，不断提高自己的工作能力，善于发现和培养比自己能力强的部属，给他们创造锻炼的机会。领导者能容人之长，尤其要能容比自己强的人，要能容人之个性，尤其要能容与自己性格不大相投的人，要能容人之短，尤其要能容人之过失。官渡大战前夕，谋士田丰曾多次向袁绍献计，均遭到袁绍拒绝，并言田丰动摇军心，将其投入监狱。后来官渡一战袁绍大败，证明田丰的建议是正确的。当狱卒向田丰道喜时，田丰却长叹道：如果袁绍胜利了，倒可饶我，现在袁绍败了，我必死无疑，结局果然如田丰所言。田丰之所以遭杀身之祸，究其原因，是因为他比袁绍高明。在现实生活中，像袁绍那样排斥、打击比自己聪明的同事、部属的领导还是有的。据说一名副职被罢免了，深层的原因就是他的工作能力比主官强，群众威信也比主官高，且多次在党委决策时，跟主官唱"反调"。表面上，主官要求上级罢免他的理由是很充分的，什么不谦虚、目无领导、影响班子团结等等。从袁绍和这位主官领导身上不难看出，作为领导者，团结反对自己反对对了的人，要比团结反对自己反对错了的人难。团结比自己高明的人，要比团结比自己愚笨的人难。究其原因，主要是人的私心在作怪。有的领导能宽容反对自己反对错了的部属，能团结比自己笨的部属，是因为他觉得这类人对自己没有威胁，团结他们会更加巩固自己的地位。相反，当有的领导发现部属因反对自己反对对了而威信大增，或部属显得比自己高明时，他就感到自己的地位在动摇，为了保住自己的"官"，那还讲什么斯文。为此，领导要把能容人，特别是能容比自己强的人作为修养锻炼的主要内容，把做一个高尚的人作为自己的座右铭。

四、领导者要善于调动下属的积极性

人人都有一定的长处，在工作中，如果一个人的长处能够得到充分发挥，工作就会更具有创造性。因此，善于发现、承认、发挥人的长处，充分调动人的积极性和创造性，高质量、高效率地完成任务，则是领导者的一项重要职责。

1. 要充分发挥下属的长处

一个人总是优势与劣势兼有。才干越高的人，有时其缺点往往越明显。用人之长，避人之短，这是调动下属积极性的一种领导艺术。清人顾嗣协说："舍长以就短，智者难为谋；生材贵适用，慎勿多苛求。"这就精辟地指明了用人在于扬长避短，在于发挥人的优势。被领导者的工作岗位都是由领导和组织安排的，承担自身任务也是由领导和组织分配的。因此，能否充分发挥人才的长处，充分调动人的积极性和创造性，领导者具有直接的决定性作用。这就要求领导者善于用人之长，不可对人思想上、认识上、作风上的一些问题轻易上纲，不能随意怀疑人。领导者能否容人，不仅是思想修养问题，更直接关系到部属的长处能否发挥的问题。领导者有坦荡大度的胸怀，必然会促进其部属的创造性得到充分发挥。现实生活中，用人之长与领导者的工作标准是紧密联系的，如果满足于工作的一般运转，那就不会去寻求有才华的人，即使有才华的人在其身边，也会熟视无睹，不能重用，或者把有才华的人与平庸之人放在一个平台上等量齐观。更有甚者还容易重用平庸之人，冷落有才华的人。而领导者只有在工作标准上富于创新和开拓精神，才能不断选拔有才华的人，一旦发现就如获至宝给予重用。用人之长关键在于用，根据人的长处放在相应的位置上，放手让其充分发挥长处，不可捆住手脚，更不可越俎代庖。当然，领导者对部属放手工作，并不等于放弃指导，当部属工作出现偏差时，应及时帮助纠正，如工作力不从心，应及时帮助排解，当部属遇到职责范围内无法解决的问题时，应及时帮助协调。

在领导活动中，如何调动部属的工作积极性，是每个领导者必须认真对待和解决的问题。一个领导者，要在部属中建立一种凝聚力，这是一种内在的、牢固的个人影响力，它对部属所产生的行为影响是心悦诚服的，因而有着很大的凝聚作用。作为一个领导者，如果是外行，较长时间又没有什么建树，仅凭行政手段和工作关系实施领导，部属就不会从内心对他产生佩服感，工作热情也会逐步下降，并发展到消极执行、糊弄应付，甚至公然违抗的地步。要避免这种情况发生，领导者就要增强自身凝聚力，这种凝聚力的建立是多方面的，但最主要的是要对部属所担负的工作业务熟悉，尤其是对一些主要的业务要有超人之才，有独到之处。部属会干的工作熟悉，部属不太熟练的工作也熟练，部属不懂的工作能掌握，加上再有其他方面广博的知识，这样部属自然就会从内心产生敬佩感，寄予一种希望，在工作中激发一种热情和创造力。一个人只要对生活充满希望，对目标不断追求，工作中才能有不尽的热情和力量。一个聪明的领导要调动部属的工作积极性，就要不断给部属以希望。这样部属就一定会保持无穷的精神力量和旺盛的工作热情。争取人们的承认，希望获得荣誉，这是多数人普遍存在的一种重要心理需要。一个高明的领导者，要善于利用人们的这种积极向上的心理，制定各种表彰措施，及时对部属从精神上、物质上给予奖励，使那些为社会、为单位作出突出贡献的人受到应有的尊重，获得应有荣誉、地位，就一定会最大限度地发挥他的潜力。物质文化生活的需要也是人们的基本需要，只有不断满足这种需要，才有可能去从事各种社会活动。随着社会物质文明的进步，人们对物质文化生活的需求越来越高，当不满足出现时，人们就会努力创造条件争取达到新的满足。一个领导者就要善于利用人们的这种普遍心理，在不违背原则和规定的情况下，尽量给部属实现这种满足的希望，以激励部属不断进取和奋斗。

2. 正确对待讨厌你的下属

在日常工作和生活中，时常听到有些同志说对某上级感到"讨厌"。这些下属往往对领导的工作方法难以适应，或者对领导的为人处世产生反感，或者是属于心理上的原因，反正一看到领导那张脸，就莫名其妙地反感起来。但不论哪种原因，"讨厌"领导总是对工作不利，即使不会伤筋动骨，也会牵制领导者的精力，还隔阂了干群关系。作为领导者，应及时疏通"厌结"，当发现某个下属对你表现反感时，要静下心来，弄清下属为什么讨厌自己。该做自我批评的做自我批评，该劝导说服的就劝导说服。本着晓之以理、动之以情、导之以行、以理服人的原则，沟通关系，清除"厌结"。沟通应以个人谈话为宜，以平等的方式为妥。讨厌者多因为自己的才能得不到发挥，怀才不遇而讨厌上级。领导敢于担责让誉，足以展现高尚的品行和宽阔的胸怀，赢得部属的敬重和好感。

现实中不乏这样一些现象，有些受帮助的下属，有时反而想逃避不见领导。因为他们受到领导帮助的时候，自尊心受到折磨。换句话说，在受到上司真诚的帮助时，也希望自己能回报，帮助领导干点什么事，但这种想法又难以实现，所以转机不大。因此，领导要重视此类情况，要多做工作，多想办法，相信诚能石开，功夫不负有心人。

3. 充分尊重下属

时下有一种说法，下属有了"三个一"，处处就能争第一。所谓"三个一"，即有一个好领导，有一个好环境，有一个好家庭。试想一个下属，如果具备了上述的三个条件，他怎么不会加倍努力工作，怎么不能激发出所有的积极性呢？可见，一个好的领导者，在下属的心目中是多么的重要。因此，领导者在与下属的交往中要保持理智。当下属对你布置的工作不上心时，不搞强迫命令，而是耐心开导。当工作上不去时，不埋怨，而是多加具体的帮助。当工作有过失时，不当众训斥，而是主动承揽责任。领导者要注重感化下属，真正在上下级之间创造一种亲切、融洽、无拘无束的气氛。这样，被领导者就会感到领导者真诚可亲，值得信赖和依靠。相反，如果领导者总是摆出一副架子，采取一种居高临下的态度，即使道理全对也不能使人心悦诚服。领导者在工作中，对下属的正确意见要尽量采纳。下属意见瑜瑕参半时，要充分肯定其正确的部分。下属意见明显错了，也要平心静气地说明道理。有的领导者自信心、好胜心很强，只按自己狭窄的视野、固有的定势、有限的知识决定问题，对不符合自己口味的意见漠然置之，这是十分有害的。领导者在布置工作时责任要清楚，权限要明确，既严格要求，又充分信任。如果不放心、不放手、不放权，不仅受累不讨好，还会压抑大家的聪明才智。创造良好的工作环境是领导者调动积极因素的重要条件。因为下属积极性和创造性的发挥与客观环境关系极大。有的领导者喜欢自己的下属是传统型，对新事物敏感的人不太喜欢，这样势必挫伤下属的创造精神。领导者要尊重下属的劳动，一件工作一项任务完成以后，要充分肯定成绩。对那些勤恳工作，超负荷劳动的同志要格外爱护。对那些勇于创新、善于开拓的同志要给予高度的重视，一般情况下，他们失误可能多些，但对这些同志就更需要尊重、关心和理解。对他们的偶然失误要敢于承担领导责任，勇敢承担责任的人，才配承担荣誉。领导者要关心下属的家庭生活，下属家庭生活是否美满幸福，直接关系着下属积极性的发挥。因此，领导者要把握好"三个一"，最大限度地调动大家的积极性。

4. 留足下属发挥的空间

一些单位的领导常常自己辛辛苦苦，兢兢业业，把手下的工作安排得细而又细，下属没有一点自主权，其工作状态一般，这个问题值得重视。为部下留足发挥空间，有利于赢得下属对领导由衷的尊敬。上下关系和谐，同心协力，有利于合作共事培养人才。使下属在实践中增长才干，迅速成长起来，有利于领导者把主要精力放在宏观指导和抓落实上。具体操作中，要注意研究问题，领导者一般不要先定调子。只要时间允许，就要发动下属开拓思路，各抒己见，多动脑子，把各种想法都说出来，哪怕是不全面的看法，然后再分析比较。下属的意见只要符合基本意图，领导就应加以肯定给予支持。当然，领导者也要把自己的观点提出来请部下思考，但不强加于人。这样一来，不但可以集思广益，而且他们会感到自己有较大的思维空间。领导者对下属少用命令方式，多用商讨的口吻说话。常常有这种情况，如果领导不听取下属的意见，用命令方式硬往下压工作，虽然也执行，但却少了热情。相反当领导尊重下属的意见，或让其参与工作任务的设计时，他们就会更自觉更努力地去做，甚至加班加点也毫无怨言。实践证明，领导给下属的空间越大，他们的责任感就越强，自我动力也就越持久。

5. 批评惩罚下属的要领

对下属出现的一些问题，也要及时解决，解决问题时要注意方式方法。因为，自尊之心，人皆有之。即使是那些有这样那样缺点以至犯过错误的同志，也同样有自尊心，有时甚至比其他人更渴望得到别人的理解和尊重。作为领导者，应该充分考虑到下属的这种心理需要，真心诚意地尊重他们。经验证明，一个人的理性因素占上风时，就能够尊重事实，善用逻辑推理，较好地得出客观结论。而当其理性因素占下风时，就会失去理智，无视事实，看问题会产生较大的偏见。因此，批评惩罚下属要慎重实施。一个人在一个群体中一旦受到批评或惩罚，对他本人的心理影响甚大，这关系到他今后将以怎样的心态对待群体，同时也关系到他在这个群体中的地位、威信以及群体成员对他的评价问题。如果批评合理，惩罚得宜，就能起到化消极因素为积极因素，教育本人，启明众人的作用，就会收到压邪气、扬正气、澄清是非的效果，否则治人不治心。因此，对一个人的批评惩罚，要慎之又慎，应认真调查了解犯错误的动因和详细过程，以示批评惩罚是从爱护、关心、负责的目的出发。同时在实施过程中，还要十分讲究方式、方法，注意保护犯错误人的积极性，帮助从错误认识中解脱出来，吸取教训，振奋精神，以利于更好地工作。

　　批评惩罚只是一针"清醒剂"，而经常性的思想政治教育才是一副长效药。不能指望一两次批评、处分，就能使犯错误的同志出现思想认识上的飞跃。对犯错误者应采取循序渐进、分层次、分步骤的教育方法。要选好时机，防止过急。某个错误事件发生后，领导者需要有一个调查了解、研究决策的时间，而当事人也有一个从错误的冲动中冷静下来进行自我反省的过程。同时，周围的群众对错误的消极影响也有一个逐步认识的过程。因此，实施批评惩罚不宜操之过急。否则，欲速则不达，甚至会产生相反的效果。对于心理承受能力弱的同志，批评惩罚首先要帮助认识一般性的错误，然后再逐步靠近最实质的问题，最后再摆明其错误的要害所在。对于有足够的心理承受能力的人，一开始就可以触动其所犯错误的实质性问题，促使尽快提高认识，同时也能真正体现出对犯错误者的热情帮助和关心爱护，最终使犯错误者逐渐改正错误。"批评犹可重，惩罚取其轻"是高明领导者的一个重要方法，在不违反原则的前提下，要宽以罚人。如果惩治过严、过急，用心虽好，结果必然会适得其反。留有余地反而会提高犯错误者改正错误的信心和能力。批评惩罚的声势和场合宁小勿大。美国著名的汽车大王亚科卡有句名言："表扬可以形成文件，而批评打个电话就行了。"

6. 提高下级领导者的工作效率

下级领导者工作效率的高低，直接影响到上级领导者整个管理目标的实现。上级领导者要以良好的行为为下级领导者创造一个有利于提高工作效率的良好条件和心理环境。第一，重视倾听下级领导者的意见。下级领导得益于接触群众，对民情了解较为透彻，对工作实践中存在的问题和取得的经验有亲身的体会。因此，上级领导者决策和总结工作时，要把直接下级领导者当做参谋和顾问，请他们参加提意见或建议。第二，让下级领导者发挥桥梁纽带的作用。上级领导者的决策、意图和想法，要靠下级领导者去传达、沟通和实施。在实施中遇到的困难和问题，需要通过下级领导者按各自职权范围加以理解和解决。特别是在贯彻实施某些时间性较强、群众一时难以接受的决策方案时，更需要下级领导者深入到群众中去，做深入细致的思想工作，使上级领导者的决策付诸实施。这样，可以使下级领导者在群众心目中的地位得到提高，有利于工作的开展。第三，做下级领导者决策的支持者。凡属于下级领导者职权范围内的事情，上级领导者应放手不必过多干涉。下级领导者已经作出的决定，没有原则性问题和非改不可的理由，上级领导者应给予支持。如果下级领导者在决定中出现一些小的偏差，也不必过急地加以批评，应采取适当的补救措施，多做个别指导，从而不断提高下级领导者的领导水平。第四，充当下级领导者的"缓冲者"。在一般情况下，上级领导者应尽量避免使自己处于"第一线"。当下级领导者因工作与下面发生矛盾时，上级领导者要做好协调工作，妥善缓解矛盾，使工作顺利进行。当下级领导者在工作中出现小的失误而受到群众指责时，上级领导者不要随意地加以指责。要向群众做好解释工作，甚至主动站出来承担一部分责任，让下级领导者"顺水移船"。同时要教育他们吸取教训，鼓励他们大胆地工作，以调动他们工作的积极性和完成任务的信心。

五、领导者的"台下"功

"台上五分钟，台下三年功"说出了演员在台下所付出的艰辛劳动。现代领导者，为使自己的决策正确并使领导意图得以顺利实现，在"台下"同样要付出辛勤的汗水。

1. 掌握台下功，需要有真功

领导者发挥"台下"交往的技能，对于探明下情，了解下属心态具有不可替代的作用。当领导者在"台下"交往的轻松气氛中，对下属阐释各项指令、部署的意义，晓以完成任务的"利"、不完成任务的"害"，就会使其茅塞顿开。现实生活中，有这样的现象，有些下级在台下由于对上级领导者的敬佩，对领导者在"台上"所作指示从不怀疑，可以说是忠心耿耿，其任务完成得相当好。领导者对此非常满意，这就更激起了下级对领导的效力，久而久之下级感到的是，每做一件事都是为自己所敬佩的领导而做，总感到如果工作做得不好，就对不起领导，当然这里面有个引导的问题，但这种融洽的上级下级关系，深厚的上下级友情，对总体工作是非常有利的。领导者是以做人的工作为核心的，而人是有血有肉有情感的，除了具有理智的一面，还有情感的一面。管理心理学揭示：在实践活动中，人们为达到预定的目的需要有强烈而深刻的情感作为动力，好的情感体验能激励人们积极地探索和大胆地创造。正如列宁所说："没有人的情感，就从来没有也不可能有人对真理的追求。"情感上的融合比思想认识上的一致更能使人接受。领导者要说服人教育人，首先就要在情感上打动人，而领导者的"台下"交往，则是引发沟通下属情感的极好场合。因为，领导者与下属在"台上"接触的过程中，注重的往往是道理的一面，而忽略情感的一面，相互之间只是"公事公办"的关系，有时甚至下属虽形式上接受了指令，思想上还是不通，感情上更是接受不了，在这种情况下，工作没有不打折扣的。但如果领导者充分发挥"台下"交往的作用，对下属有爱心，使下属在思维活动中用情感这个最活跃的心理因素带动其他心理因素，工作就会做得自觉而又欣然了。当上下级之间有了隔阂时，领导者主动亲近下属，接受下属意见中合理的成分，谅解下属的错误，这时感情交流犹如寒冬里的温暖，它能化冰融雪，使矛盾消除。领导者为使令行禁止、指挥畅通，有必要树立自己的威信，强化角色功能。但领导者"台上"的威信要靠"台下"的言行予以支撑。否则，领导者的形象就显得单调，让人感到威而不慈、畏而不敬，从而形成隔膜，使大家敬而远之。因此，领导者给下属一个严慈有度、刚柔相济的完整形象，使大家感到既可畏又可敬。领导者工作中难免有时言行要出差错，或判断欠准确，或指挥欠得当，或言语欠分寸。然而事后对待自己工作中差错的态度却因人而异。有的人认为，领导者在下属面前主动揽过有失尊严。因此，对自己的差错总是不注意补救，过去的就让它过去。其实，领导者不文过饰非敢于自责，非但不影响自己的威信，反而还会使下属觉得你胸怀坦荡，严于律己，从而增强大家的亲近感和信任程度。高明的领导者，总是善于运用"台下"交往的机会对自己的缺漏给予校正和补充。

2. 领导者"台下"所掌握的原则

"台下"交往之所以容易取得一定的成效，其中一条是因为它具备正式工作场合所没有的一种轻松自然的情境，上下级之间很融洽，相互容易获得一种亲近感。领导者在这种场合理应有一种亲切随和的仪态，然而，切不可忘记自己的角色身份，要审慎地把握自己的言行举止，不能丢弃原则，信马由缰地迎合消极因素，允诺不合理的要求，突破角色界限去一味取悦下属。否则，势必造成领导者的二重性格，削弱其人格力量，使下属怀疑领导者在工作场合提出的要求的正确性，这样的"台下"交往必定适得其反。领导者要打破情趣爱好相似、思维方式相同、个性特征相近等框子，注意交往的广泛性。不仅要与能力强，工作出色的下属交往，也要注意与那些能力较差，成绩平平的下属交往，还要善于同那些与自己观点不一或曾经反对过自己的下属交往。领导者的"台下"交往若局限于少数人的小圈子中，不但听不到各种不同的意见，还会使人觉得领导者与下属的关系亲疏不一，导致获得少数而失掉一批。西方领导理论中"刺猬理论"，是说冬天刺猬彼此将身上的针状刺靠拢防寒，刺与刺之间保持着一定的距离，距离太小就会伤对方，距离太大就又起不到防寒的作用。这形象地说明了上下级之间的交往，必须把握好一定的

"度"。领导者不注重"台下"沟通，与下属老死不相往来，失去影响力。但若与下属交往过密，流于庸俗，领导者的威信一定会受到影响。我们强调领导者与下属要加强感情沟通，但又必须防止领导者被不健康的私人感情所左右。上下属之间要多些"君子之交"，少些"酒肉之交"，始终做到交往有度，亲而不昵，让领导者在下属心目中保持一种可亲可敬的形象。

六、为官一任育才一批

为官一任应振兴一方。在这种思想指导下，大部分领导干部一心扑在工作上，心系群众，尽职尽责、呕心沥血、废寝忘食，充分显示了共产党人崇高的思想境界和宽广的政治胸怀。但革命事业是大家共同的事业，需要大量的人才来共同完成。因此，现在看来还应强调这样一句话，叫做为官一任应育才一批。

1. 领导的职责就是培育人才

当今社会是知识增值、信息爆炸、人才竞争的社会，人才是事业之本这条千古不变的真理得到了充分体现。因此，作为现代领导者必须树立新时期的人才观念，重才、爱才、惜才，敢于举荐人才，善于重用人才，勇于保护人才，乐于吸引人才，甘于为人才服务。人才吃香的地方，知识走俏的单位，事业必然兴旺发达。人才与事业这种相辅相成的关系直接影响领导者的领导威望。当然，领导者本身必须是个真正的人才。把培育人才与领导职责联系起来，作为考察和识别每一个领导干部是否称职的一条重要标准，是人才的重要性所决定的。邓小平同志曾指出：一个人可以顶很大的事，没有人才什么事也搞不好。由此可见，无论是在过去硝烟弥漫的战争年代，还是在社会主义改革开放的建设时期，人才都是我们永远立于不败之地的重要保证。回顾党的历史，不难看出，精心培养干部人才，历来是党的优良传统和胜利的法宝之一。每一个同志从他走上领导岗位的那一天起，党和组织上就同时相应地赋予他培养人才的光荣责任。有不少领导同志之所以在任期内政绩显赫，其中一条很重要的经验，就是他们在任期内善于发现和培养人才，在实践中大胆地使用和摔打人才，建立了一支思想红、作风硬、技术精的干部人才队伍，使党的事业始终蓬勃向上后继有人。但也有少数部门的领导同志在任职期间，只顾自己埋头干，不善于培养人才，工作整天疲于奔命，穷于应付。结果单位人才出现断层，后继乏人，工作后劲不足，导致政绩平平。

2. 领导者应招才纳贤

《说苑》中晏婴说："国有三不祥，是不与焉。夫有贤而不知，一不祥；知而不用，二不祥；用而不任，三不祥也。所谓不祥乃若此者也。"他的话说出了很深刻的道理：对于国家来说，不吉利的征兆是有贤人而不知道，用了但不能充分信任，这才是国家最不祥的征兆。因此，招才纳贤是领导者做好工作的重要前提。曾记得，东汉末年，曹操兵败于袁绍，贾诩建议招安刘表共对袁绍，营中不少人跃跃欲试，而孔融上书只推荐祢衡，并说："鸷鸟累百，不如一鹗，使衡立朝，必有可观。"虽然孔融推荐的祢衡只有虚名，属狂徒之类，一赴刘表军营即被黄祖所杀。但他"鸷鸟累百，不如一鹗"的用人观点却是至理名言，鸷鸟虽是最凶悍的鸟类，但过多的鸷鸟积聚在一起，它的使用就会不如一只鱼鹰。用人也是一样，贵在精不在多。过多的人才聚集在一起，一是不利于人才发挥最大能力。日本企业家曾作出过这样一个结论，如果一个人有100%的能力，你给他80%的工作，他的能力将退化；如果给他120%的工作，他的能力才会有突破性的施展。二是不利于发挥人才的群体优势。只注重大量引进高科技人员，忽视人才的层次性，会造成人才结构不合理，发挥不出群体优势，还会形成"文人相轻"，造成"智力内耗"。三是不利于调动内部人才的积极性。一些领导片面认为"外来的和尚会念经"，往往给高薪高待遇，与内部的人才在待遇上形成差异，就会挫伤本单位人才的积极性。

实际上，恨不得把天下第一流的人才都拉到自己身边的领导，充其量只称得上"开明"，而谈不上"英明"，仅仅是能"容人"，而远远谈不上会"用人"。今天的世界，比以往任何时代都更需要协作，更需要集体的力量，需要一个由各种专长、各种层次的人组成的集体。正如古代孟尝君既需要深谋远虑的弹铗客，也需要鸡鸣狗盗之徒。人才不在"多"，也不在"精"，而在于"配套"。凤雏加卧龙，不如诸葛亮加赵子龙。因此，使用人才一定要防止偏见与偏爱，历史上的教训是深刻的。"拨乱扶危主，殷勤受托孤。英才过管乐，妙策胜孙吴。凛凛《出师表》，堂堂八阵图。如公全盛德，应叹古今无。"唐人元慎的诗句，代表了当今大多数中国人对诸葛亮的评价。的确诸葛亮"功盖三分国"的智慧、才干与道德水准，并不过分。但是，诸葛亮在用人问题上，并非无可挑剔。一方面，他"事必躬亲"，"罚二十以上皆新览焉"，越俎代庖，忽视了后备力量的培养，导致蜀国人才断层；另一方面，他因偏见排斥魏延，因偏爱误用马谡，也造成蜀魏争战中的重大失误。那么，诸葛亮为什么对魏延心怀偏见，而又独钟爱马谡呢？

魏延是关羽战长沙时收降的一员大将，不仅武艺出众，而且颇有谋略，曾屡建战功，以勇猛闻名于世。刘备进位汉中王后，官拜汉中太守。诸葛亮晚年对曹魏连年用兵时，蜀国五虎大将已相继去世，军中最有资格横刀跃马的仅魏延一人而已。但诸葛亮偏偏对这位善出奇兵，惯用奇谋的虎将"不放心、不放手、不放权"，不仅拒不采纳其"分兵子午谷，直取长安"的正确意见，反而处处留一手，对其处处防范。每次出征，魏延都想甩开"婆婆"，亲率一彪人马独立作战，但诸葛亮每每"制而不允"，以便加以节制，以至魏延常常抱怨孔明胆子太小，自己难展其才。"三不"政策使魏延如绳索缚身，动弹不得。这种想为而不可为的人才环境，正是诸葛亮一手造成的。事情还不仅仅于此，在后事的安排上，诸葛亮任用不懂军事、小肚鸡肠的白面书生杨仪为最高军事统帅，对魏延不仅不加重用，反提防算计，搞了不少小动作。结果诸葛亮尸骨未寒，杨魏争权，造成内乱，魏延兵败被杀，杨仪也险些将大好河山拱手让与曹魏。在两军对垒之际，蜀国大将奇缺之时，诸葛亮生前最后一次人事安排，实在令人不敢恭维。

3. 哈佛大学如何培养国家领导人

在美国专门从事培养政府或企业高级管理人才的

公共行政学院有数十所，但是最有影响的应当是哈佛大学的肯尼迪政府学院。美国众多的领导人和政治家正是在这里经过完好的教育才走上他们日后得以大展宏图的政治舞台。肯尼迪学院在培养学生的通用能力上与其他院校相近似，所不同的在于它更注重提高学生的领导能力，也就是对某个事件的发生和发展进行控制的能力。它所培养的不是一般的管理者，而是领导者，不仅是通才型人才，而且是领导型人才。领导者产生于公众之中，应当成为社会的公仆。这是一个具有挑战性的问题。实际上，公仆教育是一个必须付出十分艰苦的努力的斗争过程。真正的领导者必须是对家庭、组织机构、国家抱有使命感、责任感的人，而不是传统观念中的战斗英雄或美式橄榄球队的四分之一后卫那样的角色。领导者应当具有诚实、不自欺欺人、不文过饰非、高瞻远瞩、未雨绸缪等基本品质。

肯尼迪学院强调政治是一种高尚的事业。实际上，美国政府面临的许多管理问题不能及时解决，其原因主要不在技术上，而在于政治、政策方面。因此，在高级官员培训中要求他们更多地从政治上考虑问题，从政治领导艺术上提高自己。肯尼迪学院以其崇高的学术地位，同历届联邦政府特别是民主党政府都有频繁的人员交流。这两年，学院有 19 位教授请假在克林顿政府担任内阁级成员职务或非内阁级成员职务，大都属于政治任命官员。在布什政府的人数也差不多。有一位老教授曾经为好几届联邦政府效力，这也是肯尼迪学院之所以出类拔萃的原因之一。

　　管理是把事情做好，领导是做
正确的事情。

第六章 领导方法

一、领导者的基本方法

领导基本方法是从各种具体方法里概括出来的带普遍性认识和处理问题的方法，包括主观指导与客观实际相结合、一般号召和个别指导相结合、深入进行调查研究、刚柔相济等方法。

1. 主观指导与客观实际相结合的方法

领导方法中，把握了主观指导与客观实际相结合的方法，就会有效地指导整个工作的顺利开展。现实生活中真正达到主观与客观相结合，这是要付出很大代价的。毛泽东同志指出：按照实际情况决定工作方针，这是一切共产党员所必须牢牢记住的最基本的工作方法。我们所犯的错误，研究其发生的原因，都是由于我们离开了当时当地的实际情况，主观地决定自己的工作方针。这一点，应当引为全体同志的教训。他又说：我们是马克思主义者，马克思主义叫我们看问题不要从抽象的定义出发，而要从客观存在的事实出发，从分析这些事实中找出方针、政策、办法来。这就告诉我们，掌握主观指导与客观实际相结合的基本前提是一切从实际出发。

做到主观与客观相结合要坚持辩证唯物主义的思想路线，深刻认识党的路线、方针、政策。只有正确反映了客观实际及其规律，才能有效地指导实践，指导我们的工作获得预想的结果。要坚持主观与客观、理论与实践的具体而历史的统一，因为，客观实际和社会实践不但是不断发展变化的，而且是具体的历史的。这就要求我们的认识、理论、政策、办法等也应随之而发生变化，跟上客观实际和社会实践的发展。主观与客观相结合，这是一个很高尚的目标，而真正结合好，在现实中不像想象的那样简单，如果主观和客观一下就结合好了，那么我们的认识就停止了，所以要不断地追求主观和客观的完美结合。要随着客观实际的发展，不断深入实际、深入群众，体察民情，总结实践经验。只有这样，才能做到主观和客观、理论和实践的具体而历史的统一。

2. 一般号召和个别指导相结合的方法

一般号召和个别指导相结合的方法，是工作中常用的方法，也是行之有效的方法之一。我们的工作如果只是停留在一般的号召上，那将是收效不大的，如果不做好个别指导的话，那一般号召就会流于形式，整个工作就不会落实。因此，领导者要充分认识这一工作方法的理性认识。一般号召和个别指导相结合的方法，是唯物辩证法的共性和个性矛盾原则在领导工作中的应用。一般号召和个别指导，是一个完整的领导过程的两个环节，不能顾此失彼，也不能厚此薄彼，要使二者的功能都得到充分发挥，在实践中就要把二者紧密结合起来。要善于从许多个别指导中形成普遍适用的一般号召。一般寓于个别之中，只有深入地认识个别，才能真正正确地把握一般。领导者对客观对象的正确认识，是通过领导者亲自深入群众、深入实际，从若干个具体单位的典型调查中，从具体的解剖麻雀中，从个别中概括出的一般意见。任何人凡不从下级的个别单位的个别人员、个别事件中取得具体经验者，必然不能形成正确的一般意见，也不能向一切单位作普遍的指导。但领导者不应满足于一般号召，如果在一般号召之后，没有紧接着从事具体个别指导，将会出现无法检验一般号召是否正确。无法根据新的情况、新的经验去充实、补充和完善一般号召的内容。无法取得具体领导经验，有效地推动全局工作，就有可能使一般号召归于落空的危险。为此，在运用一般和个别相结合的方法时，要把已形成的号召，拿到一个或几个单位去试验，总结实行的经验和教训。要逐步推广经验，不搞一阵风。要允许后来的先进超过原来的典型，要坚持典型类型的多样、对口，坚持因时因地制宜，不搞一刀切。

3. 深入调查研究的领导方法

所谓调查研究，就是通过深入实际等形式，详细地占有第一手材料，以科学理论为指导，运用基本和现代的科学方法与手段进行研究，从中得到规律性的认识。我们党的三代领导核心都非常重视调查研究工作，都有深刻精辟的论述。毛泽东同志早就说过一句名言："没有调查研究就没有发言权"。邓小平同志多次强调："我们办事情，做工作，必须深入调查研究，联系本单位的实际解决问题"。江泽民同志指出："没有调查研究就没有决策权"，"坚持做好调查研究这篇文章，是我们的谋事之基、成事之道。"由此可以看出搞好调查研究的重要性。调查和研究，是两个相互区别、又相互联系的环节。调查是研究的基础，研究是寻求规律性的决定性环节，只有两者有机结合，才能透过事物的现象，揭示出事物的本质和规律，达到主观和客观具体的历史的统一。调查研究是领导认识客观世界的根本途径。领导者无论做什么事情，想取得成功，就要正确认识客观世界的规律性。调查研究是认识客观世界的根本途径，是联系主观与客观，理论与实际的桥梁和纽带，它既是认识真理发现真理的途径，又是检验真理与发展真理的方法。如果离开了对客观实际的调查研究，只从本本出发，既制定不出正确路线、方针和政策，也不能正确地贯彻执行路线、方针和政策，在领导工作中就会犯左或右的错误。

　　一个领导者要想打开新局面，关键的问题是坚持搞好调查研究，熟悉吃透下情，做到胸有成竹。世界上的一切事物是千差万别的。不同的地点、时间和条件下的事物具有不同的个性。搞好调查研究，领导干部就要问深问透问好，提高"问"即调查的研究质量，做到问之有方，问之有道，问之有度。只有把情况吃透，才能打开新局面。要提高调查研究就要做到不在机关当闲人，不在主人面前当客人，不在基层当"游人"，不在材料堆里当"文人"。关键要具备调查研究的基本功，把"上情"与"下情"有机结合起来，主观符合客观。要掌握这种基本功，就要树立正确的调查观，运用唯物辩证法去正确对待调查研究的客体。

4. 刚柔相济的领导方法

在领导工作中，有时形势需要张的或刚的方法，有时形势需要弛的或柔的方法。两种方法往往交替使用或结合使用，就是刚柔相济或一张一弛的领导方法。《礼记》上说：一张一弛，文武之道也。《黄石公三略·上略》中说了柔刚弱强的微妙：舒之弥四海，卷之不盈怀，居之不以室宅，守之不以城廓，藏之胸臆而敌国服。北京香山有四知书屋，据说是专为帝王修建的。所谓四知，就是知柔、知刚、知显、知藏。可见这种领导方法的重要。掌握一张一弛的规律性，是为了更好地运用一张一弛的领导方法，我们不仅要借鉴古代的和西方的领导方法理论，而且要在总结我们的经验的基础上，进一步学习马克思主义哲学原理，从更深层次分析领导方法所依据的事物发展的规律性，这样既可以增强执行正确路线的坚定性，又可以掌握反对各种错误倾向的主动权。

刚柔相济，又叫宽猛相济，王霸杂用。它是我国传统领导思想和领导艺术的一个重要组成部分，具有悠久的历史渊源。《左传》中这样记载："政宽则民慢，慢则纠之以猛。猛则民残，残则施之以宽。宽以济猛，猛以济宽，政是以和。"毛泽东同志在长期的革命和建设实践中，批判地继承和发展了这一领导思想和领导艺术。如在处理同志之间关系时，强调

"对人宽，对己严"；在处理敌我矛盾时，强调对敌人实行霸道，对同志要实行王道；在工作中指出要"有张有弛"；在处理问题时要把"原则的坚定性和方法的灵活性"结合起来；在对敌作战上要把"军事打击与政治瓦解相结合"；在对敌人的反革命两手上，提出了"以谈对谈，以打对打"革命的两手等。这些科学的工作方法和斗争艺术都是刚柔相济领导艺术在不同情况下的创新运用。我们所说的"刚"，是刚强而不是固执，是刚毅果断而不刚愎自用。我们所说的柔，指办事情形式多样，方法灵活，而不是优柔寡断。在运用这一领导艺术时，要当刚则刚，当柔则柔，刚柔相济，恰到好处。

二、领导者减少工作阻力的方法

有些领导者抱怨在工作中"放不开手脚"，阻力太大。因此影响自己的工作，那么怎样才能减少阻力，使阻力变动力，主要应该把握好以下几点。

1. 增强领导活动的透明度

社会心理学告诉我们，人们期望了解那些似有所知而实为不知的"灰色"东西，而对已经知道的东西则不以为然。领导活动的神秘化，使灰色东西增多，这必然驱动人们的好奇心。况且领导活动与被领导者有不可分割的关系，这就使得被领导者对领导活动中所产生灰色的东西极为关心。如果被领导者关心领导活动的愿望不能通过适当的途径得以实现，便有可能转化为干扰领导活动的掣肘因素。当然，掣肘只是一种后果，或许是由于不了解内情而帮了倒忙，极少数人也许是有意扰乱领导活动。不管出自何种动机，其结果都使领导者置于阻力重重的境地。增加领导活动的透明度可以有效地减少许多干扰行为，从而减少掣肘的发生概率。增加领导活动的透明度，旨在降低领导活动中的灰色现象，因而是有分寸的。"过度"或"不及"同样会造成不必要的麻烦，会诱导新的被动受阻的情况。在当前，主要的还是透明度不够。因此，增加领导活动透明度是十分必要的。它使群众对领导活动有了"底"，由此减少了阻碍领导活动的因素。它使领导工作公开置于群众的监督之下，把在决策之后有可能产生的掣肘因素消化在监督过程中，减少了执行实施中某些受制于人的情况。它满足了被领导者的自尊心和民主权利，减少了领导工作的复杂性。本来，有些掣肘事件在发生之前，只要领导者主动沟通一下即可化解，但是由于领导者工作没有做好，导致了一些无谓分歧，使自己陷入了阻力重重的境地。它会使领导者背上包袱，失去自我，有些人掩盖错误，以致积重难返。在这种情况下，领导者就不可能大胆地开展工作，就不可能大胆地纠正下级的错误。这样不仅领导者失去了自我，手脚被错误所捆住，很可能在单位中形成一种敢于犯错误的不良氛围，领导者面对此境，将会无能为力。不承认错误的人，一旦被人发现了错误，就会授人以柄，成为受制于人的因素。对此，唯一正确的做法就是承认错误，改正错误，及时地超越错误。错误所造成的不良影响，只有在公开承认，自觉改正之后才能消除。承认了改正了，群众也就谅解了。别有用心的人也就不能再利用你的这一错误来攻击你了。

2.　坚持集体领导

利用集体领导的方式，可以放大领导者的能量。因为它作为一种复数领导者，代表了领导层以外的更多群众意志，使得一些个体在心理上很难违抗领导者的意志。换言之，一些掣肘因素面对集体领导这一复数领导者是无能为力和无法发生作用的。第一，及时与上级领导沟通，让上级领导比较清楚地了解本单位的情况，可以避免由本单位传上去的一些不实之词起作用。公开自己与上级领导的信任合作关系，使一些有掣肘动机的人不敢贸然造次，把掣肘抑制在萌芽状态。第二，充分发挥中层干部的积极性，善于把自己的设想通过他们表达出来。这样"进"可以深化，"退"也有路，使掣肘因素变成一只失重的气球，让其失去作用力。第三，群众骨干是领导活动的积极响应者。他们对群众具有很大的影响力，是领导能量放大的中介环节。领导者必须求得他们的支持和配合。否则，一旦离心，他们的掣肘作用也是不可估量的。第四，减少来自落后群众的掣肘，关键在于用好利益机制，要善于从群众的不同要求中，找出符合多数人的利益并把它表达出来。要相信群众的大多数，即使多数人的意见不对，也要相信他们迟早是会觉悟过来的，在他们未觉悟时做好思想工作，不能率领少数拥护者单独冒进。要善于在组织中形成群众广泛拥护的态势，有了这种态势，一些掣肘因素就不得不收敛了，领导工作中的阻力自然就减少了。在领导活动中产生的人际关系，对领导者有制约作用。因此，无论是在工作交往和非工作交往中，领导者都必须注意分寸，坚持原则性。有的领导者认为在工作中应该按原则办事，而在闲暇交往中则可以"亲密无间"。其实这样做是有害的。根据角色理论，领导者作为一个多种角色的集合体，其中的每一种角色成分都是互相制约的。如果只注重闲暇交往中的角色平等性，而忽视角色成分中的互相矛盾性，在交往中就会表现出与领导原则不相符的行为，从而授人以柄。因此，领导在工作交往和非工作交往中都必须有"领导角色"的意识，在不同的交往场合需要突出某一角色，但是不要忘记自己是一个领导者，有特殊的角色要求。

3. 善于激励下属

表彰贤能，激励部属，调动下级的积极性，是领导者实施有效管理的重要手段之一。唐太宗李世民深谙此中奥妙，贞观年间，他通过各种方式，及时表彰臣下功德政绩，激励群臣奋发有为，且常常言自内心，情之殷殷，使受者不因过分而愧当，听者又觉恰切而感奋。武德六年，太宗兄弟争夺太子位，明争暗斗，日趋激烈，而且时任秦王的李世民处于其兄李建成，其弟李元吉的夹击攻讦之中，形势对他极为不利。萧王禹等人全力相助，终取九鼎之权。太宗即位后热情称赞，萧王禹是"不可以厚利诱之，不可以刑戮惧之，真社稷之臣也"。并特意赋诗赠送"疾风知劲草，板荡识诚臣"。从此以后，萧王禹更加忠心耿耿，为国效力。房玄龄是唐太宗的重要谋臣之一，他曾随从太宗多次南征北讨。在征战中，别人争相获取奇珍异宝，而他却专心收罗人才，充实幕府，并且与诸将亲密无间，同心同德，所以人人都愿意尽力而战。对此，太宗非常满意，大加赞赏，他对房玄龄说："汉光武得邓禹，门人益亲，今吾有玄龄，犹禹也。"邓禹是东汉光武帝刘秀的"云台二十八将"之一，他随从刘秀南阳起兵，运筹帷幄东征西讨，为东汉政权的建立立下了汗马功劳。唐太宗把房玄龄比作邓禹，正是对房玄龄功德的高度评价，房玄龄深为感动，更加悉心辅佐太宗治理好天下。为了鉴古明己，唐太宗嘱咐魏征等人编纂《九书治要》，以学习自古以来的治国道理。书成之后，太宗爱不释手，字斟句酌，精心研读。他在《答魏征上（群书治要）手诏》中，真诚地赞叹说："腾少尚威武，不精学业，先生之道，茫若涉海。览所撰书，博而且要，见所未见，闻所未闻，使朕致治稽古，临时不惑。其为劳也，不亦大哉！"如此褒颂，魏征感激难忘，即使累死也无怨言。李靖曾以轻骑袭击颉利可汗，一举夺定襄。唐太宗将此功与汉代李陵相对比，给予高度赞誉。他说："李陵以步卒五千绝漠，我卒降匈奴，其功尚得书竹帛。靖以骑三千，喋血虏庭，遂取定襄，古未有辈，足澡吾渭水之耻也。"又如，有人说诸葛亮才兼将相，非魏征可比。太宗却认为，"征蹈履仁义，以弼联躬，欲致之尧舜，虽亮无以抗。"他把魏征与诸葛亮相比较，认为魏征超过了诸葛亮。

4. 主动与下属合作共事

减少工作阻力，要争得合作共事的氛围。只有这样才能发挥各自的长处，团结一致，共同完成任务，三国的诸葛亮所采用的一些方法，值得借鉴。"千军易得，一将难求"，其作用是毋庸置疑的，但诸葛亮并不认为将帅是决定战斗力的唯一因素。因此他认为："有制之兵，无能之将，不可以败；无制之兵，有能之将，不可以胜"。军纪严明，训练有素的军队，即使由无能的将领统率，一般不会一败涂地。相反，让有能力的将领率一支军纪松懈的军队则会打败仗。现在领导科学所说的整体效应问题，上下一致，团结一心，齐心协力，合作共事是取得胜利的重要法宝与中国传统的群体本位相关联，把严格遵守纪律和内部和谐当做群体的最佳状态。诸葛亮特别重视军队内部的团结和合作，他把"言行不同、竖私枉么、外相连诬、内相谤山"称为"败乱"。把"枝叶强大、比庄问势、名法明党、竞进险人"称为"败征"。"夫用兵之道，在于人和，人和则不劝而战矣。若将吏相猜，士卒不服，忠谋不用，群下谤议，谗匿互生，虽有汤、武之智，而不能取胜于匹夫，况重人乎？"因此内部团结的军队不用激励也会拼死作战，内部不和，互相猜忌，流言蜚语层出不穷的军队，就是再英明的统帅也打不了胜仗。

诸葛亮的用人思想是比较系统而又有真知灼见，也是客观公正和全面无私的，因此，蜀汉政权下的志士仁人，都纷纷云集在他的周围形成了一个强有力的领导集团，他刚正廉明，忠于职守，日理万机，勤辛劳顿，充分表现出了他一生鞠躬尽瘁、死而后已的不朽功绩。他的"治国之道，务在举贤"的名句，是今天从政者必须牢牢记取的一条颠扑不破的真理。

三、领导者要端平"一碗水"

端平"一碗水"听起来十分通俗，而在实际工作中却蕴涵着很深的道理。端平"一碗水"，多年来好像得不到重视，但它却是领导活动中一种积极的方法。"端平"是领导工作中高超的工作艺术，领导者在实施领导行为的过程中，能够调动绝大多数部属积极性，使他们的主观能动性得到最大限度的发挥，以达到较好地驾驭全局的目的。因此，领导者端平"一碗水"有着积极的意义。

1. 尽可能使大多数人的积极性得到最充分的发挥

领导者端平"一碗水"其目的就在于通过尽可能公正地使用干部来激发干部积极向上的精神。如果工作中只重视调动一部分人的积极性，会挫伤另一部分人的积极性，用人上的不平衡，会引起大家的不满。这关系到一个单位能否实现稳定发展的关键问题。如果待人失当、亲疏不一，会重用了一些不该重用的人，而冷落了一些应该重用的人，就会把一些积极因素转化为消极因素。这些同志在素质不高的领导者领导下，或消极应付，或形成一股反对力量，使那个地方出现严重的不稳定状态。因此，在待人问题上端平"一碗水"，不仅积极因素可以得到充分调动，一些消极因素也会转化为积极因素，即使个别不安定因素，也不会有发展的市场与条件。

领导者端平"一碗水"，能有效地驾驭全局。驾驭全局的关键因素是对人的驾驭。一个领导者得心应手地指挥好部下，让大家围绕领导者的意图而充分发挥其积极性，那么这个领导者驾驭全局就可以游刃有余。而如果一个单位存在着较大的不平衡状况，就会有一部分干部与领导之间存在着不同程度的对立情绪，领导者的意图在一部分干部中就难以得到全面的、积极的实施，甚至有人可能故意制造一些障碍，干扰领导者意图的实现，使领导者难以有效地驾驭全局。

2. 领导者端平"一碗水"，就会密切人际关系

上下级之间是一种相互依赖、相互制约的关系。如果这种关系处于良好的状态中，上下级的需要就得

到满足。一般来说，上级需要下级对本职工作尽职尽责、勤奋努力，圆满地、创造性地完成任务。而下级则希望上级对自己在工作上加以重用，在成就上给予认可，在待遇上合理分配，在生活上给予关心。对下级伤害最大的往往是，当下级工作取得成绩时受表扬的是上级，当上级工作发生失误时，挨打屁股的是下级，造成下级心理失衡。因此，领导者要善于发现和研究哪些是下级关注的中心问题，并抓住这些中心问题，最大限度地满足下级最迫切的需要，从而调动下级的积极性。领导者在与下级关系的处理上，要一视同仁，同等对待，不分彼此，不分亲疏。不能因外界或个人情绪的影响，表现得时冷时热。当然，有的领导者本意并无厚此薄彼之意，但在实际工作中，难免愿意接触与自己爱好相似、脾气相近的下级，无形中冷落了另一部分下级。因此，领导者要适当地调整情绪，增加与自己性格爱好不同的下级的交往，尤其对那些曾反对过自己且反对错了的下级，更需要经常交流感情，防止有可能造成不必要的误会和隔阂。有的领导者对工作能力强、得心应手的下级，亲密度能够一如既往。而对工作能力较弱，或话不投机的下级，亲密度不能持久甚至冷眼相看，这样关系就会逐渐疏远。有一种倾向值得注意：有的领导者把同下级建立亲密无间的感情和迁就照顾错误地等同起来。对下级的一些不合理，甚至无理要求也一味迁就，以感情代替原则，把纯洁的同志之间感情庸俗化。这样做从长远和实质上看是把下级引入了一个误区。而且，用放弃原则来维持同下级的感情，虽然一时起点作用，但时间一长，"感情大厦"难免会土崩瓦解。领导者在交往中要廉洁奉公，要善于摆脱"馈赠"的绳索。无功受禄，往往容易上当，掉进别人设下的圈套，从而受制于人。有恩于人，亦不要以功臣自居，否则施恩图报，投桃报李，你来我往，自然被"裙带"所缠住，亦会受制于人。馈赠是一种加强联系的方式，但在领导活动中往往诱使领导者误入歧途。有些馈赠的背后隐藏着更大的获取动机，特别是在有利害冲突的交往中，随便接受馈赠，等于授人以柄，让别人牵着鼻子走。领导者在交往中，要注意自己身边人员的状况。从实际情况来看，领导者的行为在很大程度上受制于其贴近的人，这些人对于领导活动既有积极作用又有消极作用。平时，领导者在一些事情上是依靠他们实现领导的，而他们又转靠"别人"的帮助来完成领导者的委托，于是就出现了"逆向"的情况。领导者周围的人可直接影响领导行为，而"别人"又可左右这些人的行为，这里存在着一条"熟人链"。显然，这些人不仅向领导者表达自身的需要，而且还要为"别人"办事，这自然增加了制约因素。

以上的原理告诉我们，领导者应该注意身边人的制约，不仅要调整好与他们的关系，而且还要改变他们中的人员结构，提高他们的素质，避免给工作增加阻力和困难。

3. 领导者端平"一碗水"的关键是公道正派

作为上级领导，除具备相应的能力外，更重要的是有良好的品德，用人处事要正，不要偏心，不要在处理公务中掺杂私人感情。尤其是在处理下级之间的利益问题上，要使用人，而不利用人，一定要公平合理，否则为了照顾一个人，可能得罪一大片。因此，作为一个领导者，要将心比心，体谅下级，经常进行"换位思考"，设身处地为下级着想，尊重他们的长处，理解他们的难处，关心他们的苦处。领导者处理与下级的关系，中心是如何发挥下级的作用，调动大家的积极性。一个领导水平比较高的人，其下级总是心情舒畅，劲头十足。相反，一个不合格的领导者，下级往往会感到无用武之地，不会主动与上级同心协力。因此，领导者一定要大胆信任，放手使用。使下级的主观能动性充分地发挥出来。有些单位的正气树不起，群众积极性严重受挫，一个重要原因就是那里的领导办事不公道，得不到群众的信赖和拥护。相反，有些单位领导者尽管没有超人本领，但由于作风民主，为人正派，很受下属拥护和爱戴，有一种健康的人际关系，积极性一直很高涨。在一个单位内部，要公正评价下属工作的是非功过，平等正确对待下属的荣辱升迁及各种正当的个人利益，赏罚严明，处事公道，才能更好地发扬正气，推动各项工作更上一层楼。端平"一碗水"是一种较高的领导艺术。实践告诉我们，一个领导干部在实施领导过程中，如果不注意将"一碗水"端平，即使他是一个专家内行，工作也很辛苦，也往往得不到下属的赞成和拥护，有的结果甚至很糟糕，群众对这种领导往往采取敬而远之的态度，积极性也不容易被调动起来。端平不是不要批评，但批评是要讲究方式方法的，同一件事如果批评的方式不同，就会收到截然不同的效果，这就要求区别不同对象采用不同的方式，如商讨式批评用于否定性心理的人，发问式批评用于性格内向的人，谈心式批评用于犯错误处在萌芽状态的人，教导式批评用于自尊心较强的人，直接式批评用于思想基础好和不肯轻易认错的人，等等。

领导者端平"一碗水"是要付出心血的，在实际工作中，真正端平"一碗水"是很不容易的，领导者经常会不自觉地有所偏移，因此要经常重视这个问题，以取得更好的领导效果。

四、领导工作的"粗"与"细"

同一领导者，在不同场合对相同或不同事物的处理，有时"粗"有时"细"。在领导方法和风格上，有的领导者性格豪放，处事粗略，举重若轻，有的领导者作风严谨，办事细腻，举轻若重。因此，研究领导工作粗与细的相互关系，对改进领导方法和提高领导艺术是有益的。

1. 粗细适当

领导者一方面对小事莫小视。人们常把一些小事比作"芝麻大的一点事"，这话如果用于要求领导者不要事无巨细，因小失大，无疑有道理。但如果认为凡小事都无所谓，就有些偏颇了。社会实践告诉我们，"小者大之源"，小联系着大，一滴水能折射出太阳的光辉，大厦是靠一砖一瓦建设起来的。因此，在处理粗与细，大与小的关系上，要采取科学的态度，合理地处理好。另一方面在领导班子中，主要领导人要在总揽全局和关键性问题上细，具体事务上粗。全局失控是过于粗。事事都要问，件件都要定是过于细。对应把握的事物不甚了了，遇事拿不出主张，是过于粗，属于下级职权范围的事，包揽或过多地干预，是过于细。领导工作千头万绪，但在一定条件下会形成一定的工作重点。一般地说，重点工作应细点，非重点工作可粗一点。有所为有所不为，如果平均分配力量，眉毛胡子一把抓，对重点工作过于粗，对非重点工作过于细，在工作中一定会出问题。领导者面临的事物往往是错综复杂的，处理的方法也应根据不同标准掌握"粗"、"细"得当。领导者在实践中所要处理的问题，事情有大有小，表现有简有繁，外延有清有浊，与全局的关系有轻有重，与自己的职责范围有远有近。随着实践的充分与否，领导者对问题的看法也会有深有浅，在方法上就应有详有略，有粗有细。一般地说，大者粗小者细，简单粗繁者细，浊者粗清者细，轻者粗重者细，远者粗近者细，浅时粗深时细，等等。尽管每个领导者在领导风格上会有所差异，但不能脱离实际而只顾个人喜好地搞粗或细。领导者粗细得当同上下关系融洽协调，能充分调动积极性、创造性。如果统得过死管得过宽，阻碍了人们主动性的发挥是过于细。当下级、群众遇到自身无法解决的困难，出现这样那样的问题需上级出面干涉，而领导却不闻不问是过于粗。因此，对待事物要采取当粗则粗，当细则细。

2. 粗细相当

世界上的事物千差万别，有的处理方法可以粗一些，有的则应该细一些。实际上，不但不同的事物可用或粗或细的方法去处理，就是同一事物发展的不同侧面和不同阶段，粗细之间也可以相互渗透和互相转化。粗与细二者是相互依存和互相制约的。有粗才显出细。有细才显得粗。没有粗的细，细就容易走向斤斤计较，谨小慎微和优柔寡断的"过细"。没有细的粗，容易导致粗心大意、马虎了事。粗由细去补漏拾遗，细由粗去提纲挈领，才不至于走极端。人们赞许张飞疑兵退敌的"粗中有细"和诸葛亮设空城计的"细中有粗"，正因为他们在策略上利用对方深谙自己这一点，出其不意，也正是因为体现了他们粗细结合的统一性和完美性。粗与细在实际工作中的把握是有一定艺术的，有的同志怕别人说不抓大事，结果对一些该抓该管的小事，就是看到了也不去理睬，好像管了就不抓大事了。实际上这也是一种不正确的态度，领导者在抓大事的前提下，不能忽略小事，有些事情虽小，但对事情的发展起着制约作用，作为领导也必须去重视、去解决。领导者对一些小事，通过亲自抓、亲自过问，又起到了促进和导向的作用。当然，在处理问题的过程中，可注意按层次，使下级领导明白领导者的用心。因此把握好粗与细的关系，要以客观实际为标准，不能机械地去谈粗或细，只有在实际工作中注重粗细之间的转化和变化，才能掌握领导工作的主动权。

3. 粗细有致

要实行上粗下细、疏密有致的领导方法。上层领导，是抓大事、问全局、管宏观、谋战略的，其领导方法是"宜粗不宜细"。虽然，也存在必须"躬亲"的地方，但是，却没必要也不可能"事必躬亲"。在实际工作中，任何一个领导者，无论他怎样聪明、能干、有学识、有本领，都不可能是熟知一切工作的全才。有的领导者自认为高明、正确，凡事都不放心让下属单独完成，也听不得下属的合理建议，结果不是闹出许多笑话，就是把事情办得极其糟糕，直至失败。而精明的领导则不是这样，他们深深懂得领导的职能不是去做一件件具体事，而是要办成事。因此，他们通常把许多工作放手交给下属独立去办，并要求下属要有领先性。自己则把精力放在方向和政策的把关上，仅仅要求下属及时报告办事的进程和效果。这样，他们不仅可以从琐碎的事务中解脱出来，专心处理重大问题，而且可以非常有效地激发下属的工作热情，增强下属的责任心，大大提高工作效率，又可锻炼下属的能力、才干，有利于培养干部，还可以充分发挥下属的专长，补救领导者自身才能不足。小的、局部的、微观的和战术上的事，放心、放手让下级去做。这不但是各司其职和各尽其责，使工作有条不紊，而且有利于上层领导从全局的高度，去从事调查研究，学习新的知识，思考新的问题，总结新的经验和指导新的实践。现实生活中，有种现象就是小官说大话，大官讲细话，上级把下面的话都包揽了讲全了，到了落实的地方只能说几句大话，过于实际只是削弱了基层创造性的工作。有的领导者所以整天忙得不可开交，往往是这种大事小事一把抓的小生产领导方式带来的。作为基层，其岗位的主要职责，是充分理解、准确把握上级的精神与深入了解本地的实际，实事求是地贯彻执行党和国家的路线、方针、政策、法令和法规，其领导方法是"宜细不宜粗"。这样，才能将上级的决策具体化，也才能使自己的局部成为上级全局的有机组成部分。

五、身处"夹缝"的领导如何协调

现实中由于工作的特点所决定，担当某些职务的领导，常常处于各种矛盾的"夹缝"之中。他们工作中需要正确处理好与本单位上级领导、同事，外单位上级领导、同事，下级领导与普通群众以及各方面人士的关系。"关系"越多，越容易产生各种各样的问题和矛盾。领导者本人不仅要处理好与这些方面的关系，而且还有责任帮助或协调矛盾双方处理好关系，要直接面对现实，笑迎困难，化解矛盾，这的确是工作实践中需要认真思考的一个问题。

面对"夹缝"，要有良好的心理状态。要心胸开阔，豁然大度，以协助上级领导处理好关系、协助部门形成共识为目的。以宽广的胸襟坦然面对误会和委屈，坚信时间和实践的验证。以乐观的思想，积极的态度，面对工作中的困难与矛盾，积极开动脑筋多维思考，采取多角度的方法与措施，尽力扭转被动局面，使分力变合力，阻力变动力。处于"夹缝"之中，所遇到的矛盾与困难往往都比较棘手。从当事人身份方面讲，有些是领导与领导之间，有些是上级与下级之间，简单地否定一方，肯定一方，往往不仅无助于两方和解，而且还可能引发更大的争执以致加深矛盾。上级领导与这些领导之间有时也会有误会，如果不顾客观条件与场合，一味地自我解释与陈述，往往会适得其反。从问题的性质与特点方面讲：有些是工作问题，有些是个人问题，有些是公私掺杂的问题，不搞清问题形成的来龙去脉，分析矛盾产生的根源与症结所在，就不能轻率表态。从双方当事人性格与素质方面讲：民主型、开放型、心胸宽广的人易于倾听和接受一定程度上的劝解和建议。封闭心理较强，个性较为固执，心胸较为狭窄的人则正好相反。以工作为重的人易于从工作角度处理问题。个人私欲较强的人，则易于从个人的角度考虑其要求。因此，要跳出"夹缝"摆脱两难境地，处理好关系，必须掌握公平合理的原则，团结共事的原则，"和风细雨"循序渐进的原则。处于"夹缝"之中，要沉着冷静针对"夹缝"形成的原因，以灵活多变的方法来达到协调的目的。正确的方法是解决问题的关键。一是对有些矛盾主动沟通和协调。对于当事人双方由于不太了解事情真相，导致冲突发生，而矛盾并不涉及实质问题的，可以客观地说明事情原委，使双方全面真实地掌握情况，达到消除误会的目的。对于同志之间的隔膜，可以采取协调的方法，分别做疏导工作。二是有些问题要冷处理。与上级领导发生误会或矛盾，又一时难以消除时，应采取冷处理，对上级领导的误解甚至不恰当的批评保持沉默，采取不争论的态度，用行动来验证。对同级或下级的误会等，采取不吵闹的态度，不影响工作，事后交流的方法，这样可以保证和同志的关系不受大的影响。做到这些需要加强自身修养，能经受住委屈，要有一定的肚量。三是学会和一点"稀泥"。在领导集体中，有矛盾有分歧是客观存在的，问题在于当他人之间发生矛盾时，作为第三者则很难扮演一个恰当的角色。在这种情况下，不妨采取居中有度的态度。在实际工作中，真正做到居"中"，是很困难的，甚至有时会付出代价，但不坚持这一点代价会更大。这里关键在于要恰当、有度。时机要把准，矛盾双方互不相让，针锋相对时，第三者往往态度多么诚恳、意见如何正确也难以协调。特别是当赞成一方时，要考虑到另一方接受的程度。发表不同于双方的第三种意见，要有理有据，不要给人以居高临下，或唯我正确之感。应该采取真诚的态度，做到坦率而不粗鲁、热情而不失态，谦逊而不虚假，谨慎而不拘泥，自信而不傲慢。

领导者之间有某些矛盾是正常的。被领导者要学会"回避"，对于领导中出现的矛盾，不要议论是非曲直，不指手画脚。不随意加入是非之争，要冷眼观察，不轻易支持或否定一方。不能从领导者的矛盾中采取投机取巧的行动。有益于领导者团结的话可以传，不利于团结的话一定要瞒，在领导者中间要不偏不倚直道而行。对领导者要坚持一分为二，不能因为一些局部感受，轻易地在自己思想上和言论中，给领导打上"不称职"的称号。如果是这样，就等于共事基础的破裂，发现领导者有缺点可以劝诫，上下之间差距要通过"趋同"和"适应"来弥补。不要随意越级，领导者随意越级，是一种越权行为，往往引起被领导者的不快。被领导者越级行为也容易引起群众的议论和引起领导者的猜疑，除去工作的特殊需要之外，一般情况下，被领导者不要动辄越级。

六、领导者如何消除积怨

实际工作中有不同看法，有时认识不能完全统一的现象是常见的，但工作中的矛盾或者思想上的误解是需要及时化解的。积怨，是一种心理障碍，也是有些领导工作中经常遇到的问题。若不能及时解决就可能形成积怨，影响团结、影响工作。因此，对于积怨要及时消除，以便理顺情绪，调动各方面的积极性，同心协力地做好工作。

1. 要以恕报怨

恕就是宽容和理解。领导者对于下级和同事的牢骚，要注意倾听，让其心中的怨愤宣泄出来，就不至于思想矛盾激化，也有利于有针对性地做疏导工作。有些牢骚和抱怨，可能是由于领导者的工作未被下级和同事理解而形成的。气度宽阔是有高度修养的表现，领导者一时不被理解就牢骚满腹，怨天尤人，会显得气度太小。作为领导者不能一味抱怨群众的觉悟低，要积极做好思想教育工作，把不同的认识转变过来，把思想统一起来，对于工作中冲撞过自己的人，旧事不宜常提，要尽快淡化和忘却。领导者要保持良好的情绪，周围的同事往往对领导者的情绪相当敏感，所以要经常以自己坦然乐观的情绪感染下属、群众，创造一个团结和谐的工作氛围。多和周围的人谈心，经常交换思想，交流感情。在工作之余谈谈工作之外的话题，打破机关沉闷的人际关系，彼此信任，无话不谈就无怨可积。要以实事求是的态度对待各种怨气，错在自己，就要有错必纠，以自己的勇气和坦诚，争取人们的谅解。错在别人，得理也要让人，俗话说得让人处且让人，不能扭住别人的错误不放，不能出口伤人。领导班子研究处理问题，要预先通气，尽量取得共识，事前思想不沟通，拿到桌面上，容易造成面对面的争吵扩大分歧。能个人交换意见解决的问题，就不要领导集体研究，不把矛盾暴露于公众，涉及的范围越小，越有利于克服当事者的情面障碍，有利于消除分歧、解决矛盾。对持有不同意见的同志，不能抱有成见。成见往往是一种偏见，领导者不能以个人感情代替政策。否则，很容易伤害一部分人的感情。对犯过错误的人的意见，不因人废言，只要意见正确，就要吸收采纳。有些人天生嘴巴笨，不会讲话，但只要主意好，就要听从。对群众一时的过激言行，一定不能过多计较，对不合自己心意的人，更不能弃才不用，只要有利于工作，对有逆个人心愿的人和事，该扶持还要积极扶持。俗话说的好"冤家宜解不宜结"。对于领导者来说，工作中难免与人有碰碰撞撞的时候，及时发现并消除积怨，归根结底有利于圆满完成工作任务。

2. 要防止冲突

这里所讲的冲突，主要是指人们在利益、意见、态度及行为方式诸方面不协调，相互之间发生的矛盾激化状态。这些冲突给正常的生活秩序造成不同程度的危害，对领导目标的实现起着负效应影响。在工作中有效防止和解决冲突，就要抓准矛盾焦点。无论是个人之间还是群体之间，当冲突尚未发生之时，某一矛盾积累的问题，成为双方关注、争执、互不相让的焦点，如政治方面的某个观点，切身利益的具体项目，道德方面的某一行为倾向，情感方面的隔阂等。如双方继续在某个焦点上积累矛盾，发展到一定程度，就会围绕这一点形成冲突。社会学家认为，一个群体间的矛盾就像是一个大气球，必然是越积越多，因此，必须在达到爆破的极限前，先释放些气，避免矛盾的激化。在领导工作中，如果领导瞄准矛盾焦点及时疏导分流，快速超前缓解，就不至于形成冲突。当人们普遍对所关心的问题作了较偏激的反应时，就会形成一种时尚心理，这种心理的突出特点就是情绪色彩浓厚，相互传染快。这些情绪色彩显现在外的就是对有关领导产生较强烈的对立情绪，特别是当一部分人的要求得不到满足时，这一特点就更加明显。领导如不及时加以疏导，这种对立情绪就会恶化并引发冲突。对此领导必须从理顺情绪入手，疏通宣泄渠道。从现实生活中的许多具体冲突事例可以看出，矛盾不断激化的一个重要原因，是群众不满意的地方多，又压着不能讲，问题长期得不到解决，就像高压锅一样，持续高温又没有出气的地方，到一定程度非爆炸不可。当然，矛盾和冲突发生后领导要果断处置，迅速控制事态，最大限度地减少冲突导致的消极影响和破坏。对那些性质比较严重，事态可能扩大的冲突，要快刀斩乱麻。在情况不明、是非不清而又矛盾激化在即的时刻，先暂时"冷却"、"降温"，避免事态扩大，然后通过细致的工作和有效的策略适时予以解决。只要把握解决矛盾的主动权，任何矛盾和困难都是可以解决的。

3. 不争论

好争是有些人的一大特点。中国历史上至先秦诸子百家到历代的枭雄鸿儒，哪个不是论坛上的伶牙俐齿。古往今来，多少划时代英雄豪杰都要通过争论一展自己的恢弘韬略。从《论语》、《史记》到司马光的《资治通鉴》，多少华丽壮观的美文都少不了争胜辩败的文章。早在新中国成立初期，我国一批杰出的电影工作者就拍摄出了《一江春水向东流》、《早春二月》等一批优秀的、足以彪炳世界影坛的作品。欧美的一些电影导演大师在观摩了蔡楚生导演的影片后，他们惊讶地高呼，世界影坛忽视了蔡楚生，世界电影史应改写。蔡楚生是当之无愧世界划时代的影坛泰斗，许多导演都觉得蔡楚生大有可学之处。又有谁能相信，就是蔡楚生这样一批杰出的电影工作者，也多次受到不必要论争的冲击。还有赵丹、上官云珠、郑君里等，他们在无休无止的论争中蹉跎了岁月，过早地离开了人世。论辩到无休无止的争论，再升级到同室操戈，"文化大革命"一幕幕"惊心动魄"的大辩论场面，使多少中华英才，在"文革"的辩论中辩掉了自己的生命。正常的理论争辩和问题研讨是十分必要的，因为道理越辩越明。然而，多年来我们在一些完全不应该争辩的问题上纠缠不清，不但消耗了大量的精力，更重要的是耽误了多少人大展宏图的机遇。因此，我们不要在鸡毛蒜皮的小事上争论，要干起来再说，先干，不要争论。

七、领导者的交友之道

友谊是人生的重要部分，也是领导者人生的重要部分。爱因斯坦认为："人世间最美好的东西，莫过于有几个正直的朋友。"但交友不能不慎，对领导者而言，交友不慎会影响他手中权力的运行，产生的负效应是很大的，因此领导者要慎交友。

1. 领导者要慎交友

"一个好汉三个帮"。朋友是生活在社会之中的每个人不可缺少的。人际关系中称得上真朋友要有多方面的条件，但相互讲真话无疑是其中最基本的条件。尔虞我诈绝不是真朋友，阿谀奉承也谈不上是真朋友。对于一个领导干部来说，在交友中更须认清这一点。对多方面的言论和意见，都必须加以分析鉴别，无论顺耳与否，首先看其是否正确真诚。这不仅是交友之道，而且还应作为识别与选拔干部的重要依据。敢讲真话，尤其是敢讲逆耳的真话的人，往往是办实事、创实业、求实效的人，而且是可交的真朋友。另一方面，交友总是双向的。领导干部多交敢讲真话的朋友，敢于面对真话、采纳真话、相互讲真话，才能使人感到你是可交之人，也才能交到更多的真朋友，同时也才能创造一种鼓励讲真话、鼓励求实、反对讲假话、反对"假风"的气氛，净化我们的社会环境，最终有利于精神文明建设，有利于社会主义现代化建设大业。正因朋友不可缺少，交友就必须慎重。而作为领导干部，责任重大，稍有不慎，就可能给党和人民的事业造成损失，其交友尤为慎重。要有正确的交友准则。交友有以义相交与以利相交之分，以义相交，友谊建立在人生观契合情感相投的基础上。这种友谊不但是真诚的也是长久的，它很少受到利害关系的制约。以利相交，友谊建立在利害关系上，利害关系是易变的、冲突的，这种友谊不但是虚假的也是短暂的，所谓以利相交，利尽而情绝指的就是这种情况。那些以利相交的人，他们与领导者交朋友，所交的不是领导者这个人，而是领导者手中的权。因为他深谙权能生利的道理，也因此权在友谊在，无权友谊不存。在现实生活中，这种以利相交的友谊主要表现为：你在位时对你有所求，并且强人所难，一旦达不到目的便反目。倘若你离开了领导岗位，便对你冷若冰霜，形同路人。许多领导者在其位时，门庭若市。一旦离任，便"门前冷落车马稀"。就领导者来说，不在其位，不谋其政，离位后，请示汇报的人少了，这个他们想得通。但昔日的朋友不登门了，昔日的笑脸再难寻觅。由此往往感叹世态的炎凉，人情的菲薄。实际上，还应该从自己交友失慎这方面来反省一下。作为一个领导者，待"岁寒"后才认识这些人的节操，为时已晚了。孟子说："友也者，友其德也。"以义和领导者相交的朋友，他们看重的是共同信念，是领导者的德行。这样的朋友才是真朋友，这样的朋友才不会借权谋私，才不会向你提过分要求。即使出自无奈而求助于你，而你又确实是难以办到的，他也会对你体谅。甚至当你为了大局触犯了他的利益时，他也能理解。

人生中的挫折患难是区分真假友谊的试金石。领导者与一般人相比，具有承担更大风险、遭遇更大挫折的可能性。然而也正是在挫折中在患难中，真友谊和假友谊才那样的泾渭分明。交于义者权不在势不在，但信念在情感在。平时掌权时，他们为避趋炎附势之嫌，可能还会故意与你保持适当距离。但受挫时，他们会与你友好如常，甚至比平时更为亲密。高度的求实精神来源于对党和人民事业的责任感，为人民办实事、办好事的心愿。因循敷衍、做一天和尚撞一天钟式的官僚主义者不想也不需要深入实际，了解真情况、解决实问题，当然也就不必千方百计去交真朋友、寻求真话。只有经常想着党和人民事业的领导干部，才会千方百计去求真求实，才会敢于面对种种真话，哪怕是刺耳的乃至反对自己的话，以求达到制定真正符合民意的政策，部署符合民意的工作，解决民意共同关注的问题。实现为民谋利的心愿，只有多交讲真话的朋友，多听真意见，掌握真情况真问题，这个目的与心愿才会越有可能实现。

2. 多交几个"畏友"

自古以来，人们便把朋友分为几种："缓急可共，生死可托"的称密友，"利则相攘，患则相倾"的称"贼友"，而"道义相砥，过失相规"的称"畏友"。人生在世，"贼友"固不可交，"密友"实为难得，最重要的还是多交几个"畏友"。人难以全面认识自己，特别是难以认识自己的过错。而人要不断地完善，关键又在于不断地进行自我认识，不断地正视和改正自己的过错。只有这样，才能超越自己，才能更深刻地获得作为人的本质力量，对于过错，给你指出后，希望你改正而走向完善，这才是真正的朋友。正如培根所言"最好的忠告只能来自诚实而公正的友人。"规谏领导者的过错，不是那些以利相交的假朋友所能做到的。只有那些以义相交的朋友，共同的信念，共同的事业心，共同的情感纽带，使他们能够向你提出忠告，哪怕言语尖锐措词激烈，因为他们关心的是你这个人而不是利用你手中的权。因此，是否能规谏过错，便成了领导者区别真假朋友的一条重要标准，对于那些专说好话的人，领导者要高度警惕，切不可引为知己。否则，"人因听好话上当，马因踏软地失蹄"则是难以避免的。

"人非圣贤，孰能无过"，我们党的干部，尤其是各级领导干部，要正确研究解决各种复杂的矛盾和问题，必须依据对情况的真实了解及据此作出准确的判断。而在当今社会上"假"风影响下，假情况、假数字、假材料时有出现，要掌握真情况，解决真问题，办成真事情，显然必须具备高度的求实精神。多交敢讲真话的朋友，就正是这种求实精神的体现，也正是达到求实目的的极其重要的途径。愿我们的领导多交一些敢于反映真实情况的朋友，做一个全心全意为人民服务、密切联系群众、实事求是的好领导。如能真正交上几个畏友，对自己品格的完善，事业的进步必然是极为有益的。三国时期的徐原与吕岱是志同道合的朋友。徐原才智过人，吕岱荐他当了侍御史，但吕岱有了过失，徐原总是毫不客气地批评，即使当着众人的面也绝不留情，常使吕岱下不了台，但吕岱十分敬重徐原，徐原死后，吕岱悲伤地说："失去了他，还有谁指责我的过失呢？"英国剧作家本·琼森与莎士比亚是朋友，他的第一部剧作由于莎士比亚的推荐公演而闻名全国，他十分崇拜莎士比亚，称赞他"可以征服欧罗马的全部戏文，他不属于一个时代而属于所有的世界。"但本·琼森对莎士比亚用"三把犭剑"描绘壮阔的"红白玫瑰战争"的脂粉式倾向进行了尖锐的批评,从而促进了"莎翁"剧作创作走向更完美的境界。一对古代官吏,一对外国文豪,正因为能"道义相砥,过失相规",所以才达到了事业的成功和人格的升华。现实生活中,有些人在交友时,往往只重"情",只重"谊",有时因怕伤害"情谊"而明知朋友有过错,也不指出,甚至因顾情谊而沆瀣一气。肇庆市一个叫王刚的罪犯,因盗窃被处以极刑。临刑前他过去的几个"铁哥们儿"去看他。他大声责骂:"你们不是我的朋友,如是朋友为什么不早点规劝我阻止我,使我落到今天的下场。"并哭嚷着叫法官把他们赶走。可见,人之交友有"情"容易,有"畏"却不易,而交不到几个"畏友",常常会使自己身入迷途而不知觉,甚至糊里糊涂葬送在所谓的"哥们儿"的情谊上。如今,我们正处于一个历史大变革的时代,市场竞争的加剧,利益关系的调整,价值观念的变更,既扩大了人们的交友的空间,又使人们面临新旧观念碰撞时的困惑,正如在人生的十字路口,错走一步,就会后悔终生,在这样的情况下,更需要有朋友的指点,需要"畏友"的劝警,帮助自己克服偶尔的过失,帮助自己抹去眼前的灰尘,以免一失足成千古恨。因此,多几个

"畏友"，实际上就是多了几面镜子，多几个"畏友"，实际上就是多了几口警钟。

3．把下属视为朋友

作为领导要了解下属，视下属为朋友这是做好工作的前提。这方面，日本企业家做得是比较成功的。日本企业界的泰斗松下就把总经理界定为"管家婆的角色"，他说："身为总经理，如果有一万名员工要担一万个人的心。"70年代，美国企业界开始学习日本的管理经验，开展了以"管理革命"为中心内容的所谓"文化革命"，因此，他们在关心自己的职员方面做得也毫不逊色。当前，关心职员"全人的发展"已成为现代企业的典型特征。它主要体现在对公司职员的福利待遇、闲暇时间、文化生活、职业培训和发展机会的提供上。虽然这些"关心"和"尊重"是超管理的，但它们的效果却是双倍、几倍或几十倍于管理的。因此，关心职员"全人的发展"，是总经理分内的事。因为这表现出现代企业家对公司职员"全人"的尊重，所以那些小恩小惠式的"感情投资"是不能与之相提并论的。从管理方面来看，所谓了解你的下属就是了解你下属的人格取向，动机层次，性格气质，技术水平，优点和缺点等等，以便为他确定适当的工作岗位，对他采取适当的激励手段，更好地发挥他的作用。从组织的角度来看问题，组织的结构是与每位组织成员的人格取向、需求层次等特点密切关联的。因此，了解下属，也便于组建一个成员之间更相容、更具有内聚力的团队集体。从某种意义上说，因不了解下属的品行和能力就委以重任而导致工作失败，首先蒙受侮辱的不是下属而是自己。这种错误如果是由于轻信和失察而引起的，尚情有可原，如果是由于贪图私利所致，那就是不可原谅的。在这里了解下属与认识自己二者融合了，变成了同一个问题，其方法也是可以相互为用的。如果一个领导者能够真正了解和把握下属的特点，并懂得在不同环境和任务中的具体灵活运用，那么就会真正体会到"强将手下无弱兵"，并且为自己的下属感到骄傲，能为自己有众多的朋友而感到自豪。

八、模糊论的方法

由于现代科学的发展，模糊理论、权变方法论在现代领导活动中被广泛应用，从而成为领导工作科学化的不可缺少的重要方法。应引起领导者的高度重视。

在领导活动中，有时精确处理是最佳方案，有时模糊处理是最佳方案，有时坚持原则是最佳方案，有时做必要的退让、折中是最佳方案。伟大人物处理国家大事、天下大事更是表现出高超的模糊艺术。毛泽东同志当年对国民党战犯的处理，邓小平同志对解决香港、台湾问题提出的"一国两制"方案，都是被历史证明了的英明决策。古人讲，"聪明难，糊涂难，由聪明转糊涂更难。"说的是处理人际关系的模糊艺术。历史上官渡之战曹操以少胜多、以弱胜强，打败了兵多将广而无能的袁绍。在打扫战场的时候，发现袁绍档案中有"曹军中诸人暗通之书"。当时谋士曰："可逐一点对姓名，收而杀之。"但曹操不以为然，说："当之强，孤亦不能自保，况他人乎？"于是命人将这些"里通外国"的书信付之一炬。这一烧，那些心中惶惶不可终日的人都放下心来，个个死心塌地为曹操卖命。曹操的这一手，堪称高超的模糊艺术，这是比"认真处理"要高明得多的"大智若愚"。许多高明的领导者，有时是"糊涂"地去办明白的事。其实，这并非糊涂，是比"聪明"要高明得多的"大愚"。有些自以为聪明的领导者，却是明白地去办糊涂事，这才是真正的糊涂。领导者要处理好人际关系，就要认识到工作实践和社会历史发展的转折时期的模糊性。如果过去的传统经验和方法不能用了，那么，模糊理论和方法则给了我们一个现代化的工具。它是用以表达自然界和社会中客观存在的大量亦此亦彼的模糊现象的科学方法，是领导工作的重要方法。领导者所面临的大量现实问题，则更多地表现为难于量化的、复杂的和非确定性的综合思考。我们必须了解现代科学为现代领导活动提供的科学思维方法，才能适应新的时代要求，加速思维方式和领导方法的更新，提高领导工作水平。

我们知道了模糊论在领导工作中有着意想不到的作用，但权变论的方法还应该引起我们的重视。权变论的方法是现代领导决策的一个十分重要的武器，权变方法论告诉我们，有效的领导决策是没有固定不变的"最好"的原则和方法，而是具体情况具体分析。随着情况的发展变化，不失时机、因地制宜地做出处理，原则性与灵活性的巧妙结合，取得最佳时效。权变方法论的核心在于适变、应变和制变。领导者的决策能力主要表现在适变能力、应变能力和制变能力方面。适变，在于顺势。在适应环境中改造环境，在缓冲矛盾中解决矛盾。在吸纳群众的发泄中，化解群众的不满情绪，维持社会心理平衡等，这就是顺势。一个高明的领导者，不在于自身的才华出众，而在于"无能"而能顺众势，"无智"而能集众智。应变，在于度势。现代决策许多是在非确定型和非常规性情况下进行的，需要领导者有很强的应变能力。它对领导者提出了特殊的要求，必须善于审时度势。制变，在于控势，对领导者要求的制变能力比适变能力和应变能力难度更大，技巧性更强，并以二者为基础。实践证明，一个单位是否稳定，并不在于矛盾的多少和大小，而在于领导者的有效控制，在于领导者是否有处变不惊，善于控制局势驾驭事态发展，直至有理有利有节地妥善解决各种矛盾冲突的能力。由此可见，领导者的制变能力，实际是智力、知识和经验的结晶，与领导者的政治素质、学识修养和能力素质密切相关。一个领导者要学会掌握运用权变方法和艺术，提高领导水平，必须通过领导活动的实践去下苦功夫。

领 · 导 · 方 · 略 · 论

　　领导力需要我们付出一生的时
间来学习。

第七章 领导艺术

一、领导者的语言艺术

领导者巧妙地运用语言艺术，能解决领导工作中的许多难题。领导者实施具体领导中相当大的工作量需要借助语言，可见语言艺术在领导者实践中的极端重要性。

1. 领导者谈话的技巧

使用语言，对谈话的效果有着直接的影响。领导者都会碰到与人个别谈话的问题。有的人很会"谈话"，不管什么人，也不管什么复杂的问题，经他一谈就迎刃而解。有的人却不会谈话，甚至一谈就崩，原本并不复杂的问题，经他一谈反而复杂了，这说明个别谈话其实并不简单。不同的谈话对象和不同性质的谈话，在语言运用上应该有所不同。谈话对象个体之间的差别是很大的，不同的出身和经历，不同的文化程度和性格，不同的年龄和性别等，都有不同的心态，而且影响着对外部事物的接受和理解。一般地讲，知识分子理性概念较多，谈话时道理应讲得深，语言文雅并注意逻辑性。工农群众理性概念相对少些，谈话时讲道理应深入浅出，并注意多谈些实实在在的事。性格开朗的人，喜欢快语，不喜欢拐弯抹角，与其谈话可以开门见山，直截了当。性格内向的人，往往思想含蓄而深沉，与其谈话不能过于直率。年纪大的人阅历丰富，与其谈话切忌说教。年轻人阅历浅，有的涉世不深，谈话时就应该多讲些道理。谈话内容不同，谈话的方法要有区别。表彰性谈话有人以为最好谈，其实不然，表彰在于产生良好的社会影响。因此，谈话要阐明表彰的理由，注意分寸，留有余地，不能讲过了头，更不能把表彰变成吹捧，要引导向更高的目标和层次，如果不引导，谈话就没有什么意义。批评性谈话，也许是最难谈的，但只要方法得当，也可以变难为易。批评性谈话，要尊重对方的人格，以诚待人。要轻"批"重"评"。批是指出所犯错误的性质，评是讲道理重教育，启发思想觉悟。如果只"批"不"评"，就会变成训斥，被批评者不但难以认识自己的错误，还有可能因道理上没有想通而顶起牛来。此外，批评要力求准确，批评性谈话最忌讳的问题是批评不准确，与事实不符最容易引起反感和对抗。所以批评性谈话一定要把各方面的事实和情况搞清楚，说话要有根据，批评要注意政治。

2. 领导者的表态

实际工作中，领导者经常需要表态，而这种表态对于下属来说，则可能是指示、要求，也可能被认为是对某种事的定论。因此，领导者的表态绝不可随心所欲。表态要有根有据，既不做老好人，又不无谓得罪人。领导者的角色地位决定了领导者必须持重练达，不论讲什么话表什么态，不能超越一定的原则限度，也不能无原则地去肯定或否定。现实中有的领导却遇到矛盾冲突和棘手之事，能推则推，需要表态时，也是"慢开口"，在合适的情况下，该表的态不表，而在不合适的情况下，不该表的态却表。有时为了一己私利取悦于人，放弃责任。甚至贬低别人抬高自己，传播小道消息，泄露机密等等。凡此种种都是不对的。领导者表态在坚持原则性基础上，发挥灵活性，则更易达到事半功倍的效果。上级有明文规定的事情，领导者就必须按规定表态，没有明文规定的，则应结合实际表态。灵活性是原则性运用过程中的必要补充。一般来说领导者在表态之前应做到：必须清楚了解问题的真正含义和问话的真正意图，设法获取足够的思考时间，考虑好是直接表态，还是委婉表态，对不值得表态的问题，不必表态。而在进行表态时，应做到因事、因人而异。对关系复杂，不易把握的问题，领导者应委婉地表态。领导者应把握时机，注意场合，适时适地表态。古人云："事之难易，不在大小，务在知时"。就是讲火候分寸问题。掌握"尺度"，讲究"分寸"，做到语言准确，态度诚恳。尺度感分寸感，能够体现领导者的领导艺术水平。表态应讲究尺度、分寸，达到"适度"。在这里适度程度越佳，表态的效果就越好，达到最佳适度就能获得最好效果。领导者与被领导者之间的关系，既有双方情感的交流、情绪的感染，又有双方心理关系上一定色彩的凝结，只有态度诚恳，领导者的表态才会对下属产生指导、激励作用。这就要求领导者表态时要有对人或事的真诚感、恳切感、责任感。

3. 领导者的讲话技巧

领导者在讲话中若能适时运用诙谐幽默的语言，可以调整讲者节奏，可以解除听者疲劳，亦可以深化主题形象，还能让人们在轻松愉快的笑声中接受教育，领悟道理，达到"其言也沁人心脾，其论也豁人耳目"的效果。毛泽东同志的著名讲话《反对党八股》可以说是这方面的典型范例。根据当时的会场记录，多次出现"笑声"、"长时间的笑声"、"大笑"、"全场大笑"等，就足以让人想象到讲话的妙趣横生。领导者在讲话中若能巧妙地穿插生动形象，新鲜有趣的故事，并从中引出一番深刻的道理，既能起到启发、说服、劝诫和宣传教育的作用，又能使讲话内容翔实，生动感人，收到事半功倍的效果。孙中山先生在讲话中就经常穿插故事。有一次他为了宣传爱国思想，根据会场情况就及时地穿插了一个使听众为之激奋的故事：一天，在南洋哇的一个财产逾千万的华侨富翁，至好友处做客，晚间因未带夜间通行证而无法返回，按当时法令规定，华人夜出，如果不带此证被荷兰巡捕查获，轻则罚款重则坐牢。出于无奈，他只好花钱请一个日本妓女陪伴回家，因为荷兰巡捕不会过问日本妓女的客人。他在讲述完这一故事后说："日本妓女虽然很穷，但是她的祖国却强盛，地位高，行动也就自由。这个中国人虽然很富，但他的祖国却不强盛，所以他连走路也没有自由，地位不如日本的一个娼妓。如果国家灭亡了，我们到处都要受气，不但自己受气，子子孙孙都要受气啊！"由于这个故事穿插得好，并具有很大的穿透力，起到了说服鼓动作用，极大地激发了人们的爱国热情。

4. 领导者要演讲热点问题

在一定的时间和范围内，总会出现一些人们普遍关注的热点问题，对此应加以关注。凡属热点必有牵动着众人的热线，作为领导者要从有利于工作出发，根据热点问题的具体性质具体情况，通过演讲形式勇断"热线"消除"热点"问题，在演讲时注意保持冷静清醒的头脑。群众的态度和情绪，在领导者看来或许不免偏执，他们的要求和意见，或许确有言词过甚和片面的地方。但在这种场合，领导者头脑要能够"冷下来"，耐心说明情况，以事喻理，以理服人。在演讲中把听众的关注，导向正确的方向，并控制在一定程度，使其坐得住听得进。注意保持宽容真诚的态度。领导者应该相信群众的绝大多数是好的或比较好的，是通情达理的，尽可能对他们的态度和意见持有宽容的理解和同情。在这种场合，既要坚持正确的立场，又要真诚待人，加强双方面对面沟通。领导者此时唯有以宽容真诚的态度取得人们的理解和支持。在演讲中充分展现领导者的精神风采和个性魅力，以有效地解决"热点"问题。

5. 领导者的即兴讲话

"感人心者，莫先乎情"。即兴讲话的特点决定了讲话者和听者之间距离最近，讲话者摆脱了文稿的制约，有充分的时间和空间与听者接触、交流、融合。听者也一改那"填鸭式"讲话中充当"听筒"

的被动态势，有更多机会与讲话者沟通。讲者与听者形成一种"和谐"的境界。这种和谐境界就是一种心灵沟通情感的交流，而能否达到这种境界的关键在于讲话者。因为在整个讲话过程中，讲话者始终处于主导地位，掌握着心灵沟通、情感交流行为的主动权，掌握着打动听者的主动权。心理学的研究证明，目眺交流是人类情感交流的最佳方式。即兴讲话的主体由于跳出了文稿的桎梏，讲话者的目光便有更多的时间停留于讲话的整体氛围中，这种氛围既包括静态的会场，同时也包括与讲话者息息相关的听者，这种目光停留，实际上是一种招呼、问候，听者就会产生一种被人注意的感觉，同时对讲话者也不知不觉地萌生出一种信任感。这种信任感的反射对讲话者来说又是一种无声的致敬。听者此时此刻的心理活动是讲话者在瞬间必须捕捉的对象，因为眼神交流只是表层接触，它无法反映更深层次的东西。这种捕捉过程实质上是一个由表及里、由此及彼的过程。讲话者设身处地，站在听者的位置上，扣住听者的心弦，运用听者的思维方式，提出问题，分析问题，解决问题。然后再上升到理论高度，指出这种思维方式的得失利弊，让听者作出讲话者此行是专门为其而来、即兴讲话是专为解决其问题而作的反应，使即兴讲话始终处于一种良性循环的状态，并时时泛起情感的涟漪。讲话中领导者的手势是语言的补充，手势使语言更有节奏，更有动感，更有活力。毛泽东同志在开国大典上的挥手与"中国人民从此站起来了"的宣言，成为千古绝唱。

因此，领导干部的语言艺术在领导工作中是相当重要的。一个好的讲话或事实有据、逻辑严细，或慷慨激昂、浩气凛然，或声情并茂、引人入胜，或机智幽默、妙趣横生。足以使人坚定对崇高理想的信念，足以使人增加知识，明白道理，足以动人心弦，促人奋发，足以给人欢乐，得到美的享受。

二、领导工作中"推"的艺术

提到"推"，人们自然会想到那种"遇到矛盾打排球，遇到问题踢足球"的推诿扯皮、上推下卸、不负责任的工作作风。然而，"推"也有其积极的一面，我们讲的"推"，就是积极的"推"，是有益于解决问题的"推"。

1."推"是一项重要的领导技巧

在领导活动中，"推"是一项经常运用的领导艺术。其基本含义是：在推行既定目标或新的举措过程中，对所遇到的诸多障碍因素不采取直接的消除措施，而是运用时空的自然跨度，促使障碍因素自我化解或消除，从而促成与领导意志相一致的行动。但也有人把"推"的艺术与好谋无决、优柔寡断等同起来，与多谋善断、当机立断、果断处置对立起来。实际上这是把世俗等待与领导活动中的"推"艺术混为一谈。

"推"的艺术既有明确的目标，又有实现目标的行为。"推"的艺术的产生和运用，在主观上不是领导者的主观冲动，也不是领导者的无能失控，恰恰相反，是领导者全盘把握、合理控制的高超策略和审时度势的能力在行为上的集中反映。"推"的艺术运用范围十分广泛，大到战略问题，小至一次谈话，长到一个时期，短至几分钟，甚至几十秒钟都可以成为"推"的艺术运用的时空。

2. 可以"推"的工作

任何事物的发展都有一个产生、壮大、暴露的过程，任何问题的解决都需要一定的主客观条件。我们判断一个事物可以不可以"推"，主要是看这个事物的发展规律是否得到显现，解决这个问题的主客观条件是否成熟。"推"就是选择最佳时机、最佳环境。当有人提出某件事情要求处理时，你对这件事情一无所知，情况不明，难以作出正确的判断和处理，在这种情况下，不能简单地给予肯定或否定的回答。这时就可以说：让我了解一下情况再答复你。"推"的目的是为了把事情的来龙去脉搞清楚，然后再做决定，当然，领导者不可以以此为借口，对事情推而不管，置之不理，失信于民。领导者遇到自己下属职权范围内的事情，下面能够自行处理的，领导者不要越俎代庖，取而代之，而应"推"给下属。对下属没有把握或感到无力处理的事情，领导者也不应急于处理，可先让下属拿一个处理意见，在此基础上，对其进行指导和纠正。这样，既可以发挥下属的主观能动作用，又可以锻炼下属解决实际问题的能力，达到培养和提高下属的目的。当某人面临某个问题或某种情况，需要正确对待处理，思想认识有待提高时，"推"用于等待提高认识。人们认识的提高需要有一个过程，有些事情和问题，在当事人真正认识之前，往往固执己见。因此可以推一推，让事情适当发展，用事情发展的过程或结局，引导他们改变看法，提高认识，达到纠正其错误的目的。这种"推"不是回避矛盾，而是运用人的认识规律，更自觉更有效地去解决矛盾，处理问题。

3. 区别不同情况下的"推"

"推"的艺术的运用与否，有其自身内在需求和运用范围，不可不看条件和对象乱用。否则，如同守株待兔得不偿失。"推"的艺术概括起来，就是"火候"二字，所谓"火候"，就是因势而动。运用"推"的艺术还要根据客观实际，灵活地采取适当的方法。领导者对推行意图过程中的问题不太了解，不熟悉，或是所遇到的矛盾非常尖锐，或是在讨论会上一时达不成一致意见，抑或通过的人数超过不了半数，或是群众和下级对领导意图暂时不能服从，诸如此类问题就要采取悬球法，把问题搁置起来，放一段时间，待眉目清晰，相异之处有了统一的基础，再行处理。在班子或部属中，常常会遇到一些个性突出难与他人相处的人，或固执古板，或举止粗俗，或恶语伤人，或针锋相对，会使领导陷入无谓的纠缠中去，因而，应采取"推"的艺术，让时间和事实说话。领导者在实际工作中，一看实情，视事而定。一定要分清事情的轻重缓急，对急需处理的事情，就应立即处理，不可随便硬推，推了不仅要误事，还会影响你与当事人之间的关系，你把他推出去，他对你肯定会有意见。他去找别的领导，别人又会认为你在推卸责任，进而影响领导者之间的关系。因此，该自己办的事，不要推给别人，该现在办的事，不应拖延时间。二看对象，因人制宜。有些问题的处理，还要因人而异，要考虑到当事人的个性特点，看其接受程度如何，"推"能不能取得预期效果、达到"推"的目的。如果当事人接受不了，容易产生逆反心理或误解，加深矛盾，甚至会引发新的问题，比如，性急的人不到黄河心不死。鲁莽的人，自我控制能力比较差。遇到这种对象，最好不要推，推了会使矛盾加剧，甚至激化，产生难以想象的不良后果。三看火候，适可而止。在实际工作中，有的事情可以"推"下去，一推到底，不言自明，自生自灭。有的事情"推"到一定程度就要适可而止。因为事物随着时间的推移会不断发生变化。因此，"推"不是放手不管，一推了之，而要密切注意观察其发展变化情况，把握好火候，适时进行处理，以期达到适时适度、恰到好处，妥善解决矛盾和问题。

在领导工作中，"推"只是可以运用的工作方法之一，不可不分青红皂白，或凭感情亲疏、个人好恶，随便乱"推"，而要对具体问题具体分析，而后选择"推"还是不"推"，"推"到何时。这样，才能更好地解决矛盾处理问题，收到事半功倍的效果。

三、打破困境的艺术

领导者工作中不仅遇到顺境，而且还会有一些困境和被动局面。应付顺境自然轻松、容易，但对于困境和被动局面，领导者则应认真分析对待，只要经过努力一定会改变工作中的困境和被动局面。

1.　打破人际关系困境的艺术

错综复杂微妙的人际关系，如果处理不当时常会困扰着领导者，会使其陷入困境。而摆脱这种困境，领导者就必须采取正确的对策。第一，妥善对付关系网。由于亲缘、工作、生活、兴趣等原因，人们必然发生一定的关系，这也就形成了多种多样的关系。如亲戚、战友、老乡、同学等，有时几网并存纵横交错。对于关系网，领导者完全不必大惊小怪，而应冷静清醒地看到它的利和弊，在思想上有一个正确的认识。一般来讲，大多数关系网属于正常的。其中的成员对工作都有一定的责任感和使命感。他们对领导通常不会无端地掣肘和攻击，只要能获得领导者的尊重、信任和关心，他们就会积极地开展各项工作。当然，人际关系网往往会被一些人用于走后门、说情，搞不正之风。特别是在一些切身利益问题上，这种不正常的人际关系就表现出一种奇异的力量。此时，领导者若坚持原则，不徇私情，秉公办事，就容易得罪一个网，惹恼一帮人。如撇开原则，徇私情办事，必然为法律、党纪、政纪、政策等所不容，侵害国家、集体和广大群众的利益，从而引起人民群众的不满。

解决这一难题，要坚持原则，又要不忘旧情。毛泽东同志曾有一句名言："待朋友：做事以事论，私交以私交论，做事论理论法，私交论情。"实际上这也是我们处理各种人际关系的原则。任何领导者都是人，人是有感情的，所以领导者也都无法摆脱这种人际感情。毛泽东同志可谓一世伟人，他对老同事、老同学、特别是老师，大多有所资助。不过，这些都是个人的资助，绝非运用权力给予资助，而且还请他们到中南海去叙旧谈心或信函问候。可见，一个领导者要坚持党性原则，并不是说可以不讲个人感情的。正确的做法是将公情与私情有机地协调起来。而当二者相矛盾的时候，则应做到大公无私，同时做好思想疏导工作，尽量使自己的亲友给予理解。如果思想工作做不通，那也不要怕得罪人，因为得罪的毕竟是少数人，支持自己的则是广大的人民群众，人际关系网既不是一冲就毁的废堤，也不是牢不可破的大坝。因此，摆脱人际关系网困扰的最好办法并不是一概打破关系网，而是着眼于教育治理。对一些利用私情关系网谋取私利的干部，不管他网有多厚多密，要来点"强权政治"，运用铁的手腕，以保持原则的坚定性。

第二，设法说服上级。除最高领导者外，一般领导者都有自己的上级领导。上级领导对自己支持与否是不可忽视的问题。领导者做工作应尽力争取上级的支持，否则一切都难于进行。领导活动中能自然得到上级的支持为最好，但领导者难免会遇到上级不支持的情况。对此，领导者首先应该反省一下自己，是不是自己的决策不正确，不符合有关法律、政策以及客观情况，或者是不是自己的工作出了问题，或者个人的行为与职责相背离。如果是这些情况，那就应该尽快尽力地改正这些错误和缺点。一旦改了，上级一定会重新支持自己的工作。若确实不是领导者自身的问题，那就应该想到可能是上级的问题。当然，上级的问题也是很复杂的。有的可能是上级的品行问题，如故意刁难、报复、嫉贤妒能、听信谗言等。对此，领导者可以采取适当途径和办法去解决上级的问题，绝不可感情用事。有的则是上级思想认识上与下级领导者有分歧，这种情况下，下级应多汇报，多征求意见，以交流感情，运用恰当的方法说服上级。美国总统罗斯福的私人顾问萨克斯，曾受爱因斯坦等科学家的委托，于1939年10月12日面见总统，递上科学家们的长信和核裂变材料，一心要说服总统批准核弹研究计划。然而总统对此并不重视，态度十分冷淡。第二天早上7点，萨克斯与总统共进早餐，萨克斯并不提核弹计划的事，而是给总统讲了一段历史。他说：英法战争时期，在欧洲大陆上不可一世的拿破仑，在海上却屡战屡败。这时，一位美国科学家富尔顿建议拿破仑，把战舰的桅杆砍掉，撤去风帆，装上蒸汽机，把木板换成钢板。但拿破仑想：船没有帆不会走，用钢板船会沉，此人不是来害自己，就是来讽刺自己。于是他轰走了富尔顿。后来的历史学家认为，如果当时拿破仑采纳了富尔顿的建议，19世纪的历史就得重写。听了这段历史的回顾，总统才真正意识到核弹计划的重要性，便当即决断进行核弹研究。上述就是巧妙地运用历史回顾，说服上级的典型例子。第三，争得群众的理解。领导者开展任何工作，都必须使自己的活动目标、实施办法获得群众的理解和支持。如果群众不理解，就应摸透不理解的症结，重新认真审视自己的目标和办法，看看是不是脱离实际和脱离群众，从而做出相应的调整。还应该通过各种形式、渠道，加强宣传、教育，提高群众的认识水平。必要时领导者应亲自出面进行耐心的摆事实、讲道理，解开群众心中的疙瘩、疑虑，消除群众的不满，提高群众的认识水平，从而调动群众的积极性，使群众自觉自愿地投身到领导者的事业中去。

2. 扭转被动局面的艺术

面对困境，领导者首先要有良好的心态，科学分析找出落后的症结，从而对症下药，制订方案。要善于挖掘现有潜力，充分发挥自己的优势。要克服消极心态，确保高昂士气。身处困境，领导者往往会产生一些消极的心理，如急躁、悲观、依赖等。这些不克服就不能树立良好心态，更不可能率领群众打破困境。歌德曾经说过："如果没有痛苦，就无法尝到人生的滋味。"不能在挫折和失败面前低头，要承认失败，不能一败不起。要经受得住挫折的考验和"折磨"，不能使自己成为挫折的奴隶。要反省失败，但不能永远停滞在无限的反思之中。所以心理学家告诫人们，冷静是克服困难的首要心态。克服悲观思想。在困境中，领导者常会悲观气馁，失去远大的目标，怠慢目前的工作，这种心境虽然可以理解，但是非常不利于摆脱困境。如果一直存在这种心境，必将错失扭转乾坤的机会，甚至使自己陷入自我毁灭的境地。相反，若能勇敢地面对现实，乐观地看待未来，加倍地努力，则一定能战胜一切困难。美国第十六任总统林肯早年曾和亲友合作经营杂货店，经常经营不善，周转不灵而负债累累。他的合作人绝望了，开始自暴自弃，过着堕落生活，终致早年丧命。林肯独自负债长达17年。其间，他从不灰心丧气，反而坚强地站起来，努力地做自己能做的事，拼命地工作，拼命地挣钱，同时也拼命地学习。正是这么一种精神，林肯才摆脱困境，走上坦途。这说明克服悲观思想、树立乐观情绪，对困境中的人是多么的重要。困境中，如果领导者没有良好的心态，那将是比什么危险都要大的危险，但光有领导者的良好的心态，而没有群众的高昂士气，仍然是不够。因此，身为领导还要想方设法地使群众充满向上的精神。美国著名的麦考密克调味品制造公司，在其创始人麦考密克掌权后期曾很不景气，以致陷入裁员、减薪的困境。正在此时，他得暴病而死。公司经理一职由他的外甥麦考密克继任。新经理一上任，就召集全体职工，出人意料地宣布"自本月起，薪水增加10%，工作时间适当缩短。本公司生死存亡的重任落在诸位的肩上，我希望大家同舟共济，协力度过眼前的困难时期。"职工们听后面面相觑，继而对新任领导感激不尽，拼命为公司干活，收到了意想不到的效果。

打破困境和扭转被动局面，需要领导者综合地并创造性地运用各种领导艺术方能实现。任何领导活动都不能机械地依照某某领导艺术去进行，都不能把领导艺术看做僵死不变的教条，而应视之为活的灵魂，用心实践，潜心创造。只有这样，领导者才能成功地运用领导艺术，去取得一个又一个的胜利。

四、踢头三脚的艺术

万事开头难，任何一个领导，都有尽快打开局面的经历。不论是刚走上领导岗位的新干部，还是因工作变动而出任新职的老干部，上任开始想踢好头三脚、烧好三把火、打开新局面、树立起威信等，都是非常艰难的。

1. 烧好"三把火"点好"一路灯"

新官上任"三把火"，这个不成文的俗语，成为相当一部分群众和部分新上任领导的共识，此话反映了领导者与被领导者的两种心态。一种是被领导者的期望心理，越是问题比较多的单位，群众的期望值就越高。他们希望新领导能有新思维、新办法，工作上能有新局面。希望领导者能体谅下情，为群众多办实事好事。同时领导者的"头三脚"又往往是群众对领导干部的水平、作风乃至领导艺术的一种实际考核，这是一种要求变革，积极向上的心态。新官上任"三把火"，同时也会对新任领导者的心理状态产生影响。有些领导者从强烈的事业心和责任感出发，不急于烧"三把火"。他们不计较群众会怎么看，而是深入实际、深入群众进行调查研究。也有些领导者想尽快取得群众认可，树立个人威信，便抱着侥幸心理，急于烧"三把火"、踢"头三脚"。还有些领导者自认为有经验有能力，缺少对新事物的敏感，也缺少对新任职务的新认识、新感觉，照老规矩办的多。

因此，心态不同的领导者，"三把火"烧的也不一样。

一些领导干部年富力强，热情高有闯劲，有把工作搞上去的强烈愿望，这是难能可贵的特点。但新官上任后急切要出政绩，迫不及待地"放火"，匆匆忙忙地许愿，风风火火地办事，往往容易搞短期行为。因此，要注意防止急于求成。新官上任"三把火"，该不该烧，什么时候烧，都要审时度势，要从实际出发，勉强"烧火"，就会做出许多不符合客观实际的决策，干出超越现实的蠢事，给党和人民造成损失。所以领导干部应"新官上任三月走"，先迈开双脚，到群众中去搞调查研究。把下面的情况摸清楚，然后视轻重缓急，该办什么事情，该解决什么问题，一步一个脚印地踢好"头三脚"。有些工作可以立竿见影，成果明显。有些工作则要打牢基础，积以时日才见成果。领导者凡事要从党和人民的利益出发，既立足眼前，更着眼长远，特别是要多做增后劲、管长远的事。有的领导者书本知识多而实践经验较少，容易犯大事做不来，小事又不愿做的毛病。总想"一鸣惊人"，不愿干实实在在的事。实际上世界上没有抽象的大事，大事全是由小事积累起来的，只有深入实际，勤于实践，扎扎实实地抓好各项具体工作，为人民办实事，才能得到群众的信任。人民群众是很实际的，他们最厌弃和反感那些"放空炮"、搞花架子的领导，群众是从一件件具体的事情，来观察了解领导干部的。因此，脚踏实地，真抓实干，可以说是新领导者的从政箴言。

新官上任后，由于新奇效应而引发的高期望，群众对一举一动都很注意，甚至对每句话都要精心捕捉，以判断其能力、水平、工作的主攻方向，及与自己期望值之间的距离。在这敏感微妙的非常时期，新官要保持冷静的头脑，以静制动，特别是对原来情况比较复杂的单位，更不宜急烧"三把火"，因为在这个时期面对的完全是新情况、新任务，且人地两疏，一定要稳住阵脚。要特别注意言而有信，令出必行。在发表就职演说时，务必字斟句酌，讲真话，讲实话，讲心里话。切不可为了哗众取宠而提出超乎现实可能的目标，在下达指令时，要明确、坚决，不能有弹性，更不能朝令夕改。在规章制度面前，对任何人都要一视同仁，不能因人而异，出现不公平现象。

2. 进入角色，找准位置

新的领导首要任务是进入角色。换岗位有多种情况，如同行业不同层次的岗位，局部工作到全局工作的岗位等。随着领导岗位的变化，因而带来了相应的一套职权范围、领导责任、工作方法等各方面的相应调整。能否较快进入角色，是对领导干部综合素质和领导水平的考验，也是工作能否很快入轨的首要问题。有的新任领导干部迟迟打不开工作局面，通常情况是在换岗后没有进入角色，没有理顺各种关系。如果换岗位后的主配角关系不能及时转换，没有找准自己的位置，也没有按照局部与全局的关系调整适合本层次、本岗位的工作方法，就会出现不协调，甚至引发思想上的不统一，那么工作就很难开展，令下属无所适从。一台好戏必须要主角配角都有出色的表演才能成功。新任领导打开局面要尽快摸清情况。要防止被表面现象所迷惑，更不要得到一点点情况便以为成竹在胸。要努力创造良好的沟通气氛和条件，对找上门谈情况的同志要热情欢迎。对有意回避的同志，要主动去接近他们。只要思想感情沟通了，就不怕了解不到真实情况。听到有关人事方面的反映后，不可得言不察信以为真。不要一开始就拉开架势，急于出成效，尤其是不要急于解决人事方面的问题。人事问题是群众极为关心、最为敏感的问题，一旦出现失误，群众的不满情绪必然迅速滋长，这将对今后工作不利。如果反映的情况的确属实，也要待时机成熟，有计划、有步骤地进行调整，不要急于动大"手术"。

选准突破口，对于新任领导来说，是一件成败攸关的大事。选得好就会旗开得胜，马到成功。选得不准，就会步步被动。选准突破口，就要解决群众最关心，最迫切需要解决的问题。这些问题看似"老大难"，其实，只要经过一番认真努力，是完全可以解决的。一旦解决，就能顺民心得民意。美国阿肯色州佛里斯特市电视机厂因经营管理无方，面临倒闭的危险。他们便聘请一位日本人做新领导。这位领导人上任后，连做三件出人意料的事：第一件事是，邀请所有工作人员会餐，并赠送每人一台半导体收音机。会餐中，新领导见缝插针地提出厂里太脏的问题，后来大家一齐动手，便把工厂清理得焕然一新。第二件事是，新领导亲自会见工会代表，表示"希望得到工会的支持"。这又调动了工会的积极性。第三件事是，把以往被解雇的老工人接回来，使这些人感激不尽，拼命干活。三件事做过后，该企业的生产效率和产品质量大大提高。这位新领导成功的关键就在于，他改变了前任只重视财物管理而忽视理顺人际关系，着力于调动人的积极性，自然就会收到奇异的效果。

3. 新官上任要保持工作的连续性

新官凡事应从党和人民的利益出发，既立足眼前，更要着眼长远。多做些"蓄水养鱼"的长远建设，少搞点"排水捕捞"的短期行为。新官到任，要想群众之所想，急群众之所急，帮群众之所需。凡是群众的呼声和情绪都要引起高度重视，对群众有利的事就要积极主动地去办，凡是群众关心的热点难点问题就要下决心加以解决，凡是违背群众利益的事情就要坚决制止和斗争，才能以实际行动赢得民心，无往而不胜。新干部更要注意严格要求自己，切不可私欲熏心，而要把"公生明，廉生威"作为座右铭。新任领导就任伊始，首要的工作就是处理好与原班子的关系。对所有干部应持信任态度，从而稳定干部队伍情绪，有条不紊地进行交替工作。一上任就搞一朝天子一朝臣，急于大换血，就容易使局势动荡决策失误。新上任的领导者，尤其是一把手，在对待原有单位的领导干部方面，除在工作中尊重他们的经验，虚心听取他们对单位各方面情况的判断分析外，在如何对待和评价原有干部的政绩方面，切记不可简单从事，肯定一切或否定一切的态度都是不可取的。这两种态度，都可能会使干部群众产生逆反心理，给工作带来消极后果。正确的做法是遵循党的实事求是的原则，经过调查研究，认真分析。对原班子以前工作的评价，应由上级组织认定，干部群众也自有公论，自己不要轻易作结论。新领导还要处理好与前任的关系。任何一个领导者，在一个地方工作过一段时间后总具有一定的影响力。高明的新领导者都十分注意处理好同前任、甚至已退休老领导的关系，注意尊重他们。新领导一定要保持工作的连续性。一项重要工作，从部署到完成，往往需要较长的过程，有的甚至需要几任领导的连续努力，对此新领导应该继续抓下去，不能使党的事业受损失。

五、几种应把握的领导艺术

世界是由矛盾组成的，现实生活中就是要不断地解决矛盾，为了准确地解决好矛盾，就应该善于发现问题。那么，复杂的问题简单化，也是一种领导艺术。信息隔阻和运用之妙都是领导者应该掌握的领导艺术。

1. 善于发现问题的艺术

喜欢出成绩但不喜欢有问题，这是各级领导的共同愿望。但现实告诉我们，不出问题只是相对的，领导水平再高，单位成绩再好，也必然会存在问题和不足。况且，我们抓工作的过程，就是克服困难和解决问题的过程，只有摸清了问题，才能心中有数，对症下药做好工作。有效地发现问题，必须勤揭短、勤报忧，敢于正视问题。金无足赤，人无完人，任何事情在其进行的过程中，都不能尽善尽美，必然存在着这样或那样问题。减少问题的上策，就是勇于正视问题，实事求是地查找问题，既不能怕丢荣誉，又不能怕丢面子。作为新时代的领导者,有的人连这种精神都不具备,总怕别人抓"尾巴",说自己无能,想着法子遮遮藏藏。殊不知,哪个单位敢于正视现实,勇于查找问题,哪个单位解决疑难问题的办法就多,工作就好。哪个领导敢于揭露矛盾,不怕否定自己,哪个领导解决问题的招数就多,水平就高。因此,只有端正工作指导思想,善于揭短报忧,才能在揭露问题中不断解决矛盾,出色地胜任本职领导工作。必须勤观察,勤思考,善于透过现象看本质。身为领导,观察的机会很多,各种形式的会议、谈心,同事、好友之间的七嘴八舌等等,看多了听多了情况就熟了。古人孟尝君食客三千,仍虚心听取寒士冯的牢骚。乾隆皇帝,经常微服私访,其目的无不在此。有些问题只坐在办公室里听,打电话问,从材料中看,是发现不了的,必须腿勤多转多看,多换几个角度,反反复复地看,能够看出"远近高低各不同"来。心要细,古语"天下大事,必作于细",有些问题即使耳闻目睹,如不往心里想也难以发现。这就要求我们必须要用心看,留心思。抓问题是一项艰苦细致的工作,不下一番工夫,动一番脑筋,是抓不好的。只要我们多动脑筋,深思熟虑,进行"去粗取精,去伪存真,由此及彼,由表及里"的加工制作,就不怕抓不出根本性的问题来。作为一名领导者,即使天资超群,才智过人，也不可能一贯正确。要广开言路，博采众长，有从谏如流的气度。有不分场合，不计言词，虚怀若谷，洗耳恭听的姿态。有坐得住，听得进，耐住一个"忍"字的宽阔胸怀。造成言过有功，发现问题是成绩的良好气氛。

2. 追求简单天地宽

追求简单，是善于使复杂事情简单化的一种领导艺术。追求简单，事半功倍。"电脑大王"王安讲过："世界上的事情其实非常简单，创造发明就是将复杂的事情简单化的结果。"美国一家最大服装店的董事长西蒙爵士的做法，或许能给我们启迪。一次，西蒙去分店检查工作，看到一位负责销售的管理人员一味埋头填写货位表，问道："你在干什么？""你这样做有什么用途？"质疑后得知，尽管"填表"毫无意义，但这是规定。西蒙爵士马上废除了这种表格。第一年就为公司节省了用于购买 2500 万张表格的 5 万美元的费用。他还在全公司提出一个口号："废除一切不必要的程序"。一个称职的领导者，应是不断精简管理层次，通过取消、合并等方式，把它压缩到最大限度。一个擅长管理的领导者，总要对设置的所有工作岗位或每个管理层次都提出质疑：是否真正需要、是否对事业有用、是否增添了麻烦。一个聪明的领导者，总是保持着清醒的头脑，能够认识到，每多一个管理层次，实际上就是在事业的道路上人为地增设了"哨卡"。精简管理层次实际上就是在提高管理效益。而现实当中，照此而为者寡，远离此者众。日本和美国的一些管理完善的公司，其特点都是人员精干，管理层次少。我们今天强调的机构改革、转变职能、减员压编等也正是精简层次的高明之举和客观需要。当然，追求简单的领导艺术，还有待于每个领导者进一步解放思想，转变脑筋，并有效地付诸行动。

3. 信息隔阻的运用

所谓"信息隔阻"，就是有些信息在经过主要领导时要有意识地对其断流，以便有充分时间调查研究，求得问题的妥善解决。如果只有沟通没有隔阻，那么就会形成信息失控，造成因小事而影响班子团结，因流言而瓦解班子合力的不良结果。因此，作为主要领导，应把握好各方面的思想情绪，做到该畅则畅，该阻则阻，从而达到化解矛盾、消除不利因素、求同存异之目的。作为一个领导集体，其领导成员之间不可能时时事事意见一致，更不可能彼此之间没一点看法，群众对班子成员的意见和议论也在所难免。这些意见和议论，会通过各种渠道传入主要领导耳中。对这些传言，特别是班子中一成员对另一成员的看法，一般应先行隔阻，不能贸然将意见全盘托给被反映的另一成员，而应当经过一些侧面观察或调查，再酌情处理，不作隔阻、急于沟通，只会增加成员之间的隔阂，或者增加被反映者不必要的心理压力。班子成员生活在社会上，不可避免地会存在家庭矛盾、邻里矛盾、社会矛盾，人们遇到此类矛盾或受到委屈，有时出于依赖心情，会向主要领导吐露一点情况，纯属私人事务的问题。作为主要领导应真诚地帮助其化解矛盾，提出建议，切不可到处张扬，也不可在其他班子成员之间散布。散布会伤害班子成员的感情和形象，隔阻反而利于工作和团结。主要领导有时会提前根据确定的议题，提请各成员独立思考，以便集思广益，使决策更加符合实际，在酝酿阶段，一些成员要与主要领导交换意见，沟通思想，由于角度不同，有些意见会涉及其他成员职权范围之内的工作，对于此类意见和建议，应先在主要领导与提出建议的成员之间探讨，而不宜不加分析地直接向其他成员传播，以免由于职权划分问题，引起成员间的纠纷或意见。

4. 运用之妙是领导艺术的关键

如果说富有创造性的领导方式、方法，就是领导艺术，那么，这种创造性的标志就是"运用之妙"。

这是掌握领导艺术的关键。毛泽东同志有一段极为精辟的论述："古人所谓'运用之妙，存乎一心'，这个'妙'，我们叫做灵活性，这是聪明的指挥员的出产品……灵活，是聪明的指挥员，基于客观情况，'审时度势'而采取及时的和恰当的处置方法的一种才能，即是所谓'运用之妙'。"这里虽然是就战争而论，但却准确深刻地指出了领导艺术的本质特征。"聪明"、"才能"，即指领导的创造素质。"客观情况"即指领导艺术的现实基础，从而把领导艺术建立在唯物论的基础上。"审时度势"是领导者对"客观情况"的认识过程和结果，体现了具体问题具体分析这一马克思列宁主义的活的灵魂。"及时"、"恰当"是领导者基于"审时度势"基础上的处置方法，所谓"巧妙"就巧在"及时"和"恰当"上。从"客观情况"到"审时度势"到"及时"、"恰当"的处置，完整地体现了辩证唯物主义的认识论，是主观与客观、理论与实践、知和行的高度统一。从原则性与灵活性关系的角度，把灵活和巧妙联系起来。钱学森对领导艺术概念做了精辟的界定，他说："领导艺术是一种离开数学领域的才能，它能从大量事物的复杂关系中判断出具有决定意义的东西。"所谓"具有决定意义的东西"就是事物发展中的主要矛盾和矛盾的主要方面。只有抓住这两者，才能认识和驾驭事物发展的规律和趋势。采取"及时"、"恰当"的处置方法，做到"运用之妙"。

六、幽默是领导者应珍视的一件瑰宝

无论是东方还是西方，大凡有幽默感的领导者，都是知识渊博、思维敏捷、辩才出众的人。幽默是一种高雅的风度、健康的品质，也是一种神奇的领导艺术。

1. 幽默是消除紧张空气的"排气阀"

领导者对下级做思想工作，或者是领导者之间商谈问题，祥和的气氛是非常必要的。如果气氛不和谐，存在着人际隔膜或心理障碍，工作是不会取得好的效果的。而要创造或保持祥和的气氛，幽默则是一种重要的手段。1958 年北京召开群英会，河南鲁山县农家少女办学模范马小翠同志和周恩来总理碰杯时，心情过于激动，同时也由于缺乏经验，用力过猛咣当一声，杯子破裂美酒四溅。小翠同志当时一愣，感到很难为情，其他人也觉得有煞风景，但一时之间又都不知说什么好。这时周总理和蔼地笑了笑说："到底小翠同志是铁姑娘，真有劲啊！"小翠同志立刻从尴尬的情绪中解脱出来，和大家一起笑了起来。

结果是皆大欢喜反而增加了欢乐的气氛。显然，周恩来总理的幽默语言，化尴尬为祥和，给人们美好的记忆。幽默，有时成为领导者排烦解忿的"阀门"。它能将人际交往中的紧张、激烈的"气体"排除掉，以免造成"压强"升值，并创造亲切、愉快的气氛，促进领导者与被领导者的感情交流。在我国，由于几千年的传统习惯影响，大多数群众见到领导者特别是高层领导者，都难免有些拘谨和不自然。尤其是一时不慎做错了什么事，或言语行为无意冲撞了领导者，他们将更为紧张和恐惧。此时，领导者若能说上几句幽默的话，就会把紧张与恐惧的气氛转为轻松、愉快，场面由拘谨转为自然，随之也就会打开思想闸门，密切干群关系。

2. 幽默是融洽人际关系的"润滑剂"

二战时期的美国总统罗斯福很善于用幽默的手段创造祥和的气氛，借以达到政治和军事的目的。1943年，同盟国三巨头在德黑兰聚会，商议如何迅速打败法西斯侵略者以及战后的一些问题，起初苏联领袖斯大林态度冷淡，特别是关于如何处理战俘问题，与英国首相丘吉尔争吵了起来。斯大林说至少应处决五万名纳粹分子（包括军官和技术人员），一经俘获，立即处决。丘吉尔跳起来大声说："英国人不支持这种集体谋杀。"斯大林坚持说："一定要枪毙五万人。"
这时罗斯福赶忙过来打圆场，他开玩笑说："我又来调解你们的争执了。那么减为 49500 人行不行？"次日，罗斯福想方设法协调会议的气氛，他的方法是在和丘吉尔打过招呼后来开玩笑。罗斯福后来回忆说："我断定我的方法对头，我在会议桌前一坐下来，就开始拿丘吉尔的英国绅士派头、约翰牛、他的雪茄、他的习惯取笑。斯大林开始露出了笑容，温斯顿（即丘吉尔）脸色绯红，皱着眉头。他越那样，斯大林越感到好笑。斯大林终于捧腹大笑起来。……从那时起，我们就建立了私人关系，斯大林也偶尔说些打趣的话。冰层打破了，我们谈起话来像男子汉和兄弟一般。"由此可见，上述"冰层打破"，即人际隔膜的消除，大大得力于罗斯福总统的幽默玩笑。这种幽默对当时三巨头谈判的顺利进行，起到积极的作用，有利于同盟国之间的协调一致和迅速取得胜利。因此，在人际交往中，领导者的幽默就成了一种润滑剂，它能润滑人们之间的关系，减少矛盾冲突，增进团结和友谊。

有的矛盾可以正面批评解决，有的矛盾不能正面批评解决，但无论什么矛盾，只要采用幽默语言，问题既能解决，又不会产生副作用。有一次，毛泽东同志让卫士们把他书房的沙发搬走。毛泽东同志在散步时，卫士们就动手搬沙发，但试了几次，却搬不出门，只好又把沙发放回原处。当毛泽东同志回来后，见沙发仍在原处，便奇怪地问："怎么没搬出去？"一个卫士答："门太小，出不去。"毛泽东同志看看卫士，又看看沙发，故做严肃状说："唉，有件事我始终想不通呢"，卫士们以为主席思考另外一件事，便问："什么事啊？主席！""你们说说，是先盖起这间房子呢？还是先摆好沙发再盖这所房子呢？"卫士们一听脸红了，后经过卫士们再次努力，终于把沙发搬出去了。这几句幽默语言，虽不如严厉的批评语言那样"坚硬"，但它柔中寓刚，让人更加敬佩。

3. 幽默是化解沉闷僵局的"橄榄枝"

我国古代，国君具有至高无上的权威，某些大臣向国君进谏，常采用幽默的方法，以便让国君乐于接受。春秋时代齐国的宰相晏婴就是这方面的高手，有一次齐景公的管鸟人烛邹一时不慎丢失了一只鸟，景公一怒之下要杀死烛邹。满朝文武都知道这样惩处是太过分了，但是没有人敢出面劝阻。这时晏婴站了出来，向景公道："烛邹的罪过有三，请允许我列举他的罪过以后再杀行吗？"齐景公一听是附和自己的意思的，于是，高兴地说："好，讲吧。"晏子走到烛邹面前说："烛邹，你替我们君王管鸟而丢失了鸟，这是第一大罪状；由此导致我们国君因为一只鸟的缘故而杀人，这是第二大罪状；让各国诸侯知道以后，认为我们君王重鸟轻士，这是第三大罪状。"说完以后请景公下令行刑。这时齐景公已从晏婴对烛邹的责备中醒悟到自己处理得不当，于是收回成命说："不要杀烛邹了，寡人受到先生的指教了。"晏子列举烛邹的三条罪状中，只有第一条是其真正的过错，其余两条都是从侧面来劝齐景公的。但如这些看法从正面提出来，就会触犯"龙颜"，而晏婴运用幽默的手法既起到了进谏的作用，又照顾了国君的面子，效果很好，在历史上留下了一段运用幽默向国君进谏的佳话。

4. 幽默是摆脱被动困境的"杀手锏"

幽默对于领导者来说，在特定场合，还可以成为战胜对手的一种有力武器。美国总统竞选中，幽默常常成为竞选者的手段之一，里根最精于此道。他在第一届任期将满争取连任总统时，已72岁了。尽管他的资历、经验、能力等条件都不错，但是他给人一种年纪太老的直觉，这是他争取连任总统的一个很不利的因素。他知道在这个问题上对手是不会轻易放过他的。里根的对策就是尽量运用幽默来战胜对于在这个问题上的攻击。在里根与对手蒙代尔先生的一次电视辩论中，有记者提出他年纪太大是否胜任总统时问道："总统先生……您已是历史上最年迈的总统了，您的一些幕僚们说，最近您和蒙代尔先生的遭遇战之后，感到疲倦。我回忆起肯尼迪总统，他在古巴导弹危机中不得不连续干好几天，很少睡眠。您是否怀疑过，在这种处境中您能履行职责吗？"这个问题提得彬彬有礼，但却很棘手，不好正面回答。不过里根在思想上是有充分准备的，他笑了笑，用幽默的语言答道："我希望您能够知道，在这场竞选中，我不愿把年龄当做一项资本。我不打算为了政治目的而利用我对手的年轻和缺乏经验。"这时候演播室里观众爆发出持续不断的大笑，笑声又转为一阵阵的掌声。而里根的对手蒙代尔先生则在观众的笑声和掌声中败下阵来。里根运用幽默为他争取连任总统扫清了最后一道障碍，使其得以连续入主白宫。我国《说唐全传》这部章回小说里，秦家锏可谓是威震四海、名扬天下了。它如此盛名，主要是有其独一无二、举世无双的杀手锏。两强相遇，特别是在危难之际，秦琼就会使用神出鬼没的杀手锏来出奇制胜、逢凶化吉。在社会的人际交往中，我们每个领导者都可能遇到猝发事件和于己不利的场面。幽默就是领导者的"杀手锏"，它能出其不意地化解干戈，使其脱离窘境而绝处逢生。有一次，周恩来总理在办公室接待一位美国记者，当这位美国记者看到周总理使用一支美国笔时，带有几分讽刺的口吻问："总理阁下，你们堂堂中国人，为何使用我国的钢笔呢？"周总理付之一笑说："谈起这支钢笔，话就多了。这是一位朝鲜朋友抗美的战利品，是作为礼物赠给我的。朋友说，留下做个纪念吧。我觉得有意义，就留下了贵国这支钢笔。"这位记者听后羞愧万分。

幽默对领导者来说，绝不是一般的说说笑笑，而是有明确目的的一种工作方法。然而将这种方法用得恰当、巧妙，也不是一件简单的事。这除了与人的个性有关之外，还和人的高度思想修养、广博的文化知识、乐观的情怀以及机敏的反应能力等密切相关。一个领导者只要从多方面去加强自身的修养，是可以具有这种能力的。幽默是优良健康的品质，是人类智慧的闪现，是精神生活的补品。由此可以说幽默艺术是领导干部的一件瑰宝，各级领导者应当珍视并巧妙运用它。

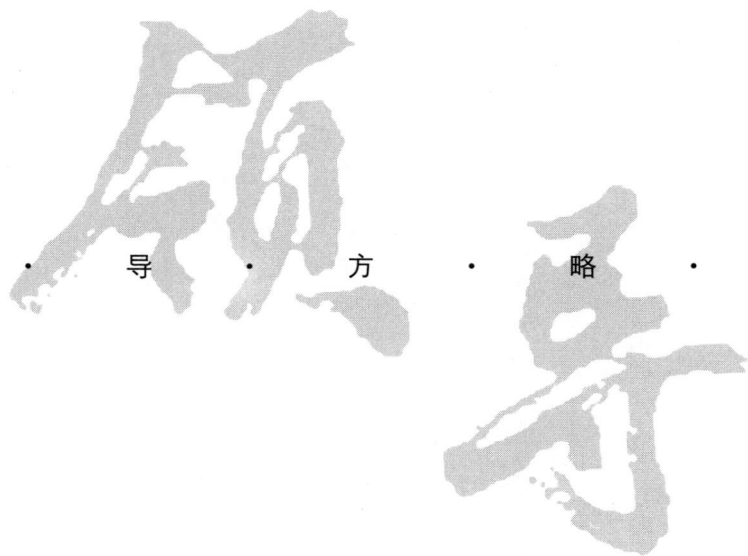

　　要领导好别人，首先要领导好自己。

第八章 领导风范

一、领导者是人民的公仆

作为一个领导干部，应该有超出一般人的影响力。这种影响力除了由社会赋予领导者的职权、权力所带来的强制性支配力量以外，最重要的是体现领导干部公德意识和公仆情怀。"无德不能怀远"。德是公仆意识的核心，缺乏公仆意识的人，就谈不到为人民事业尽心。

1. 必须牢固树立公仆意识

做人民公仆，发扬公仆精神，这是党的性质和肩负的历史使命所决定的。为绝大多数人谋利益，正是共产党人最彻底的价值观，是党性修养的根本点。人民群众的拥护，是党的力量源泉和胜利之本。处在执政党的条件下，树立公仆意识并不容易。因为在战争年代的艰难岁月，共产党处于被压迫、被屠杀、被围剿的地位，那时斗争很残酷环境很险恶。我们一刻也离不开群众。而执政党的特殊地位和特殊环境，容易使一些担负领导工作的党员产生错觉，似乎他们是站在人民群众之上的官，有一种高人一等的优越感。把党群之间的"鱼水关系"搞成"油水关系"、"水火关系"，就有丧失民心的危险。孔繁森公仆情操的深远意义，不仅在于众多可歌可泣的业绩，更在于蕴涵在这种业绩之中的公仆精神。他把党的全心全意为人民服务的宗旨人格化了，转为具体行动，为我们树立了继雷锋、焦裕禄之后的又一位人民公仆的好榜样，在中华大地奏响了公仆精神的赞歌。

在改革开放的新的历史条件下，树立公仆意识，更面临着新的考验。市场经济追求价值的特性，吸引并动摇着有些人的价值趋向。如果把市场经济中运行的等价交换原则引入党内政治生活，就会导致党员价值观念的扭曲，出现权力商品化，党内政治生活功利化的危险。这对我党全心全意为人民服务的宗旨是严重的冲击。如果在党内搞等价交换，实际上就是把党的政治生活降低到一般经济生活的水平。等价交换所体现的，不是理想而是利益的等同交易。这一原则，显然与党性原则大相径庭。在我国由计划经济向市场经济的转轨关头，也确实有些党员干部公仆意识淡化了。他们只讲实惠，不讲理想；只讲索取，不讲奉献；只讲钱财，不讲原则。甚至利欲熏心，铤而走险，成了"盗窃国库的明星"。还有少数领导干部沉湎于美食豪宴、轻歌曼舞之中。上午坐着车子转，中午围着盘子转，晚上依着裙子转，被当地群众称为"三转干部"。这就严重败坏党的形象，腐蚀党的肌体。有的人还怀疑在改革开放的新时期要求党员做人民公仆"是不是'左'了"，走群众路线"是不是过时了"。这些思想观念在孔繁森的事迹面前就显得多么渺小。孔繁森的公仆情怀和奉献精神，恰恰是新时期的时代之歌，是抵制以权谋私、拜金主义的精神力量。没有这种精神，是担当不起改革开放和建设事业的历史重任的。位尊不减济民志，权重莫移公仆心。我们要以孔繁森作楷模，学习他忠诚博大的公仆情怀，增强人民公仆意识，树立马克思主义的人生观、价值观、世界观。孔繁森在西藏做了两件与其身份不相称的事。下乡途中吃雪就干粮这样的伙食标准与其"州官"的地位极不相称，为了扶助几个藏族孤儿，他竟然暗中跑到医院开后门献血三次，以换钱救急，这就更加与其身份不相称了。这使人想起鲁迅的名言，牛吃的是草，挤出来的是奶。孔繁森吃的是雪，献出来的竟是血！他是真正的孺子牛，真正的共产党人。孔繁森同志用奥斯特洛夫斯基的名言"只为家庭活着，这是禽兽的私心；只为一个人活着，这是卑鄙；只为自己活着，这是耻辱"为座右铭，生得平凡，活得却轰轰烈烈。他那许许多多感人肺腑，催人泪下的事迹，在人民的心中燃烧起无限钦佩和崇敬之情。

2. 共产党人的立身之本

随着改革开放的深入和社会主义市场经济的拓展，人们的意识、观点和行为大多集中在迅急变化的生活上，集中在客观世界的改造上，应该说这是可喜的。问题就在于有的人能科学地把握主观世界的改造与客观世界改造的辩证关系，在改造客观世界的同时，加强主观世界的改造。在多彩的社会生活中，坚持马克思主义的基本观点、基本原则、基本立场不变，穷且益坚，不坠青云之志，保持高尚的情操为民众。孔繁森同志就是在新时期把握客观世界改造与主观世界改造结合得最好的杰出代表。他在人生旅途中不断深化对党的宗旨的认识，始终保持着一个党员领导干部应具有的品格、作风和奋斗精神，而王宝森之类的人，在新形势下完全遗忘了主观世界的改造，视人民为仆人，自己为主人。运用手中的权力为利己服务，把人民赋予的权力变为与民争利的工具，"日思高其位，大其禄，而贪取洋滋甚"，结果葬送自己的人生，成为人民的罪人。

领导干部应无愧于时代，无愧于党和人民，树立坚定的共产主义信念。所以，改造世界观是个实践的命题，也是一个科学的命题，改造世界观是一个共产党员人生中不可回避、也无法回避的问题。毛泽东同志指出："无产阶级和革命人民改造世界的斗争，包括实现下述任务：改造客观世界，也改造自己的主观世界。"这就表明改造世界观是客观存在，而不是主观随意选择的问题，不管愿意不愿意，这个问题谁也回避不了。只能说有的人自觉，改造得好做得就好。有的人不够自觉，改造得一般，做得也一般。有的人不够自觉，不反思自身变革自身，思想上和行为上就出问题，甚至走向犯罪。改造世界观涉及的问题和内容很多，但主要的是人生观的改造问题，也就是说人为什么活着，怎样活着的问题，这是生活中的基本问题，是人生的根本态度，根本观点问题，任何人都不能不面对，不能不选择，不能不回答。

树立全心全意为人民服务的公仆意识，无私奉献，在任何时候，任何情况下，个人利益无条件地服从党和人民的利益。只要党和人民的事业需要，任凭组织挑选与安排，把博大的爱献给祖国和人民，生能舍己，死可不归故里。胸怀大局，励精图治，艰苦奋斗，自觉增强为官一任、富民一方的责任感，把为人民群众谋利益作为光荣而神圣的职责，把勤政和廉政很好地统一起来，既不做赃官、贪官、宗派性的官、追逐名利的官，也不做无所作为的官、坐而论道的官。不仅做勤政的模范，而且做廉政的模范，为改革、开放、稳定建功立业。

3. 当官的"苦乐"

对待当官人们有两种截然不同的认识，一种是认为当官"苦"，一种是认为当官"乐"。清代郑板桥，金榜题名之后当了十二年父母官，当得很清苦。他曾自叹曰："人皆以做官为乐，我今反以做官为苦"。他清廉自守，恪尽职守，把当官看成是一种责任，日夜为群众的疾苦操心费神。衙斋卧听萧萧竹，疑是民众疾苦声，真是难能可贵。《徐九经升官记》中的一曲"做官难"，唱得人心惊肉跳：只因要秉公办案，得罪皇亲国戚，招来杀身之祸。可见自古以来，断案者要为百姓办点好事，是都要有点吃苦精神的。我们共产党的官是人民的公仆，大多数领导干部当的都是"苦"官。领导干部的楷模孔繁森，"一尘不染，两袖清风，心系群众，舍身忘我"。没有过一天轻松日子，当的是一个实实在在的"苦官"。但还有不少人认为当官是一种"乐"事，是一种"美差"。李鸿章就说过："世上唯有做官最省心，也最容易。"那是封建时代，一旦金榜题名，当了官，人呼"大人"、"老爷"，坐公堂，划圈圈，"乱点鸳鸯谱"，当当"美食家"，数数"白花银"，何其悠哉乐哉！有人说，如今有些人当官更是"可口可乐"。得官容易，无需十年寒窗；做官更是轻松，终日会里泡，宴席请，舞厅乐，在一个地方出了问题，来个对调，溜之大吉，到另一个地方照样"当官乐"。当官的苦与乐，实际上是两种世界观的反映，说穿了是对人民群众的态度问题，是自己思想境界高低的问题。一个人爱的最高境界是爱别人，一个共产党员爱的最高境界是爱人民。对人民充满爱心才会对工作有高度负责的精神，才会自觉吃苦，自愿当苦官。

二、做人·做官·做事

无论是党的高中级干部，还是一般干部，无论是老干部，还是年轻干部，都必须加强思想改造，品德应该高尚些，处世应该坦诚些，举止应该礼貌些。应该围绕"堂堂正正做人、清清白白做官、踏踏实实做事"来加强自身修养。

1. 要堂堂正正做人

好人不见得是好官，而好官必须是好人。这里所说的做人或做好人，是说党员干部必须具有堂堂正正的人格品行。爱因斯坦说"一切人类的价值的基础是道德。"作为领导者道德修养的层次应当是高的。只有这样，才能赢得人们的钦佩和信赖，对他人产生强大的吸引力、感染力和说服力。新时期党员干部的人品修养集中体现在：政治坚定，爱憎分明；勇于改革，开拓创新；道德高尚，作风正派；胸怀开阔，宽容待人；言行一致，表里如一；光明正大，一身正气。党员干部要堂堂正正做人，就必须具有这些人格品行。堂堂正正做人，还一定要有理想、有追求，没有理想就等于没有灵魂，理想是照亮现实的灯火，是人生奋斗、追求的目标，也是鼓励人们奋勇前进的巨大推动力。确定自己的奋斗目标是人的一生中非常重要的事情，对一名领导干部来说，意义就更加重要。从总的方面来讲，我们的共同理想就是建设有中国特色的社会主义，逐步实现工业、农业、国防和科学技术的现代化，把我国建设成为富强、民主、文明的社会主义国家。这个理想集中反映了全国人民共同的愿望和利益。作为领导者应该有一个具体的奋斗目标。高尔基曾经说过："一个人追求的目标越高，他的才能就发展得越快。"诸葛亮的"志当存高远"，也就是说人要有高远的志向。陶铸同志也讲过："一个精神生活很充实的人，一定是一个很有理想的人，是一个很高尚的人；一定是一个只做物质的主人、而不做物质的奴隶的人。"在改革开放和发展社会主义市场经济的条件下，作为一名领导干部，一定要自觉确立崇高的理想和远大的志向，注意加强自身修养，正确对待权力、地位和金钱，能够立得正行得端，这样才能够堂堂正正地做人。

2. 要清清白白做官

做人难，做官更难。官，在我国的古代是个很光彩的职司。据《汉书》记载："五帝官天下"的官，它是权衡轻重的掌秤人。所谓"权者，铢两斤钧石也，所以秤物施平，知轻重也"。掌秤要看准星其心要公，是以"官犹公也"。可见"为公"、"施平"是古代为官的基本职司，也是为官德行。新中国前的历朝历代，把国家的治事者叫官，或叫官吏。他们的职司是"治人"，他们的本质是剥削压迫老百姓的，所以也叫"官老爷"。为维护剥削统治，做官的也标榜为公，就把官府叫公门，法庭叫公堂，衙役叫公差，官车叫公车，以及公案、公文、公务等。连做官人的儿子也叫公子。他们也标榜"施平"，宣称"法平如水"。事实上私有制国家官吏，他们与公疏远与私融为一体。由此，难以施平。"三年清知府，十万雪花银"，官场的贪婪就可想而知了。历史上也有为公施平的官吏，如杨震、包拯、海瑞、于谦，那就叫人杰，是个别的。因此，"官"就不光彩了，它与老百姓之间形成了一条泾渭分明的界限。纵览国际共产主义运动，由于运动性质的使然，人们是忌讳叫官的。马克思说：巴黎公社的领导者都是"人民公仆"。列宁领导的十月革命胜利后，原苏联把国家工作人员叫"干部"。毛泽东同志多次告诫全党，要做人民勤务员，不要做官当老爷，并把"全心全意为人民服务"作为党的根本宗旨。在建国初期，党和政府还下发文件，明令对各级领导不呼职务，不许称官，广大干部也以"我们的光荣称号是同志"为其荣耀。他们勤政爱民，廉洁奉公，把国家治理得政治清明、物阜民康。可是，从"十年动乱"开始，公仆、干部和人民勤务员的形象逐渐扭曲了。这个扭曲也有一个渐进的过程。先有林彪的"有了权就有了一切"的政变经，这一谬论的危害后果催化了"弄权"之弊。由于认为权力至高，就把为人民服务置之脑后，一些人就觉得不称官就显示不出自己的尊严，有的还自诩他们是人民的"父母官"。后来随着改革开放和市场经济的发展，在我们的干部队伍中，一些人面对花花绿绿的市场，清贫难耐，心理失衡，就有悖于"为公"的明训，追求起金钱的占有来了。于是就以权谋私、权钱交易。有的人甚至贪污盗窃，收受贿赂，坑国害民，变成了人们厌恶的腐败分子。一个领导干部要真心实意地爱民，给百姓办实事办好事。

总之，做到了勤政、廉政，做"官"也就不难了。清正廉明、大公无私、艰苦奋斗是党员干部成事之基、立身之魂。唐朝诗人李商隐有句名诗："历览前贤国与家，成由勤俭败由奢。"党员干部要永远保持以俭为荣、以苦为乐、艰苦奋斗的政治本色，克服和防止那种"不比德高比物丰，不比贡献比索取"的消极现象。只有这样才能从好政、当好官、掌好权。

3. 要踏踏实实做事

孙中山曾说过："要立志做大事，不要立志做大官。"共产党人更应淡化做官心理，强化奉献意识，把做官看成做事，为了做事才做官，将两者有机统一起来，踏踏实实为人民办实事、办好事、办大事。不要总是想舒舒服服做太平官，也不要做那种无所作为的平庸官。每个党员干部尽管所从事的工作不同，但都是为改革开放和社会主义现代化建设事业作出贡献。领导干部要"堂堂正正做人、清清白白做官、踏踏实实做事"，就必须在工作和生活中加强自身修养，努力改造世界观。为此，必须增强主观能动性，在自重、自省、律己方面下工夫。自重就是要自觉保持和维护做人应具有的尊严和人格，是进行思想意识修养的内驱力。每个领导者都具有三重角色：从社会角度看，是一个普通公民，应当履行普通公民的权利和义务；从组织角度看，是一个普通党员，应当按照党章、党规严格规范自己的行为；从一个地方或单位角度看，是一个领头人，对党和人民负有重任。人人都需要自重，领导干部更应自重，注意自己的一言一行、一举一动，尤其是要尊重自身的人格。任何时候、任何场合下都不应有人格低下、丧失人格的行为。自我尊重的外在表现是尊重人民群众，把人民当成主人。自省就是要自我反思，洗刷思想上的污垢，改正不良行为。自省、反思也可以说是自我批评，或者是一种内在的肯定与否定的行为。能够经常对照党性原则和社会公德，反思检查和改正自身的缺点和错误，这是对革命和建设事业高度负责的表现。在当今社会大变革中，每一个领导干部都要注意坚持正确的政治方向，在对与错、是与非、义与利、得与失等原则问题上，要学习古人"一日三省"的精神，经常扪心自问，发扬长处，纠正错误，经受住考验，走好人生之路。要乐于"见贤思齐"，自觉地向先进学习，向榜样看齐。还要"见不贤而内自省"，注意从反面典型中吸取教训。律己就是要自我约束，从严要求，防微杜渐，为政清廉。要用党纪、政纪、法规来约束和调整自己，从各方面严格要求，大事不糊涂，小事不马虎。道德修养的大忌是放纵自己，而放纵往往是从"小问题"开始的。要"慎独"，越是在"反正别人不知道"的独处时候，越要从严律己，警戒自己，使自己的思想行为经得起时间的检验，经得起党和人民的考验。自重、自省、律己是相互联系、相互影响、相互促进的一个整体。领导者在加强自身修养的过程中，要把这几个方面有机地结合起来。同时还应看到，自身修养，重在自觉，贵在坚持。没有修养的内在要求，就不可能有修养的自觉行动。要充分发挥内因这个决定作用，注重自觉修养。修养是伴随终身的长期任务，是没有止境的，要持之以恒坚持下去，才能永葆党员干部的光荣本色。

4. 领导者要敢于负责

在现代汉语中，"不"字表示否定的意思。如今有些基层领导的表态言词中，很少出现不字。比如有人要求领导解决个人问题，即使所反映的问题是不符合政策规定，不能解决的问题，而且是显而易见的，但在领导的表态中，却很难找到诸如不符合规定、不能解决等带不字头的话；而是常说考虑考虑，研究研究，商量商量之类的中性意见。让人感到，说不字像犯忌似的，从而使不的使用范围越来越小，使用频率越来越低。这种现象的存在直接损害了政策规定的严肃性和权威性，也影响了领导在干部群众中的形象，同时，助长了不正之风的滋生和蔓延，实质上也是不负责的表现。产生这种现象的根源不外乎有两种：一种是好人主义思想作祟，一种是领导自身有问题，不敢坚持原则，怕拔出萝卜带出泥。按政策规定判定事情的对错，回答问题可否解决，并力求作出明确的答复，是领导职责的一项基本要求。领导干部一定要切实负起责任，敢于大胆地说不，敢于大胆地否定不正确的意见，以形成良好的气氛和敢于批评的环境。

5. 做官莫为眷属奴

有些领导干部之所以犯错误，并非自己所愿，是受眷属影响而走向反面的。因他们经不住妻子的嘀咕，孩儿的抱怨。有的甚至因清清白白受不了眷属"两袖清风，两手空空"的揶揄，而干起了不法勾当。可见清正为官，不为眷属左右谋私利，于古于今都是一大问题。做官应是全心全意的人民公仆，不应是眷属的奴隶。理应严于律己，正直清白，疾恶如仇，不随俗流。而事实上有些"公仆"已经有意或无意地变成了眷属的奴隶，被眷属自觉或不自觉地逼上"梁山"。等他们如梦初醒时，已后悔莫及；待他们伏法以还时，已家财告罄，四壁萧然，声名狼藉。

有的为官者目前虽还悠游于法网之外，眷属也正愉快地沐浴着他们的"恩泽"，但长此下去前景可以想见，等待他们的只能是自己酿成的苦酒。做官应珍惜自己的进步，奉公律己，保持为官者的贞操。作为眷属应维护门庭的清廉声誉，支持为官者不谋私利，不谋享受谋恩泽，不谋索取谋奉献，为官一尘不染。

6. 人品与"官品"

世界本来就是这么奇怪，愈是权力大的人，为人愈含蓄谦虚，并且深信自己一定能成功。相反，得势小人和无权势者倒喜欢做纸老虎，飞扬跋扈，到处树敌，以伤害他人来维护自己的心理平衡。人品是"官品"的基础，"官品"既来源于人品，又高于一般的人品。具备了高品格、高品质、高品位，才能受到人民群众的拥护。我国古代的思想家、政治家很早就认识到为官从政者的道德品质的重要。孔子说："政者，正也。子帅以正，孰敢不正"。为官从政是非常严肃的事，它要求为官从政者有高尚的情操和优良的品质。很难想象，一个品行不端、人格低下的人，能有非凡的胸襟和胆识，能公正掌权、公道做事。因此，做一个什么样的人，是当前在发展社会主义市场经济的新的历史条件下，每一个党员干部都要认真回答的问题。有些人认为，"活动"能力强、社会交际广、关系多会办事的人是好官；而对那些敢于坚持原则，顾全大局，勇于牺牲局部利益的人，反倒认为不是好官。共产党的"官"不仅要讲人品，而且要讲"官品"。官与民相比，区别在于有权，"官品"的突出表现在如何用权上。有权能办好事，好事得到权的支持办起来才有力度。不能以为一个人只要当了官，其人品就会自然高出一般人。相反，为官者应该比一般人更加明于自察，严于律己，不断加强思想道德上的自我修养，正确对待和运用手中权力，使自己具有以正压邪、人人称道的"官品"。

诗人臧克家有两句诗很耐人寻味：有的人活着，实际上已经死了；有的人虽然死了，却还活着。一个人做官的时间是有限的，做人是一辈子的事。领导干部身在官位一天，就要讲究"官品"，而"官品"恰恰来自于人品。人的能力有大小，职务有高低，但人格不能低，这是至关重要的问题。只有活到老，学到老，改造到老，才能真正做一个高尚的人，一个纯粹的人，一个有道德的人，一个脱离了低级趣味的人，一个有益于人民的人。

三、领导者自我修养的真谛

为官拥有一个什么样的政声，关系到党风的根本好转。领导者有一个好的政声，并作为自己的目标，去孜孜不倦地追求，就会成为一个真正的领导者。要做到这一点，必须加强自我修养。

1. 为官者的修养基础

当前，在领导干部中传颂着这样一句话：当官一时一地，做人一生一世。这的确反映了高素质领导者的思想境界。从古到今对于如何做好人的问题，都是人们所关注的。古代一人进京赶考，考试中文章写得精彩，大有希望金榜题名。可这位考生发现地面有一枚铜钱，便忙用脚踩住，见四下无人，迅即将钱捡起塞入囊中，考生此举恰被主考官看见，主考官断然决定除名。为了教育他，主考官写了一首诗："一枚铜钱尚动心，要他为官定害民。贪心从此须悔改，未做文章先做人。""未做文章先做人"，启人心智，做官不易，做人尤难。做人必具人格，做官须有官德。"敬天地，忠社稷，孝父母，和夫妇，友兄弟，信朋友，睦乡邻，施穷人，救危困"，这是做人的人格。"兴天下之利，除天下之害"，"先天下之忧而忧，后天下之乐而乐"。在现代社会有了高尚的人格，才配称文明人，文明人是以高度的文化道德素养立足于社会的。领导者当然是从人民中遴选出来的优秀分子，是文明社会的精英，是群众的表率，所以在人格上的要求应更严、更高。事实证明，做官者如何做人，对民风影响甚大，有道是"民以吏为师"。官位不能给人以智慧，官位也不能给人以情操。倘若有人一旦升迁，便高高在上不可一世，自以为了不起，老百姓对这种人必然瞧不起。宋朝有位名臣叫赵恬，做人耿直做官清正，从不以高官自傲。他告老还乡时曾赋诗一首以明心志："腰佩黄金已退藏，人中消息也寻常。世人欲识高斋老，只是柯村赵四郎。"意思是你们不要以为我是什么大官，我其实还是当年出生在柯村的赵四郎。他说的多么质朴，多么令人敬佩。官要人做，但做官必先学会做好人。领导者如果没有高的思想品德修养，不仅不能合理地使用权力，反而会被权力制驭或压垮。唐代魏征曾说过："善始者实繁，克终者盖寡"，"求木之长者，必先固其根本。"这种深沉的理念，正是我们常说的先做人后做事的传统道德体现。

2. 领导者应制欲

清金缕《格言联璧》中记载："人之心胸，多欲则窄，寡欲则宽；人之心境，多欲则忙，寡欲则闲；人之心术，多欲则险，寡欲则平；人之心事，多欲则忧，寡欲则乐；人之心气，多欲则馁，寡欲则刚。"一般说来，人的七情六欲都大同小异，正所谓"嗜欲喜怒之情，贤愚皆同"，如果说有差别，只是"贤者能节之，不使过度；愚者纵之，多之失所"。就是说做一个好人一定要制欲，这里讲的欲是广义上的欲望。因此，作为领导者不能随心所欲，更不能纵欲。生活中别人可以做的事，领导干部不能随便做。别人可以说的话，领导干部不能任意说。别人可以得到的，领导干部不能无故得到。领导者要慎欲、节欲、制欲，以此来有效地规范自己。领导者"制欲"，关键是过好金钱关、名利关、美女关。应做到"富贵不能淫，贫贱不能移，威武不能屈。"要意识到欲多则心散，心散则志衰，志衰则思不达。对一个人来说，欲过为私，纵欲成害，节之为善。人格的力量正是人在欲望向善向美的方面转化中显现出来的。对于领导干部来说忍奢节欲就是廉洁自律，通过自我防范与控制，避免走向腐败。为此，一要重义轻利。就是把社会公利放在个人利益之上，做到见利思义，见义勇为，舍生取义。在当今拜金主义、一切向钱看思想日益蔓延的情况下，领导干部努力实践重义轻利这一道德标准，就不会因地位升迁而私心膨胀，因权力扩大而享乐无度。二要知足常乐。就是对自己的地位与生活感到满足与快乐，这是完善人格的一种状态，不是不思进取的消极人生态度。一个领导者，可能什么情况都会碰到，有人吹捧，有人引诱腐蚀。因此，应当自尊自爱。生活中有些拥有权力的人常常自以为是，特别是一些缺乏自制力而又握有权力的人，随着权力的升高，进而也就脱离了群众。唐太宗被人多称开明君主，就在于他能经常自律自戒。他曾说："为君之道，必须先存百姓，若损百姓以奉其身，犹割股以啖腹，腹饱而身毙。"因此，领导干部应当以古为鉴，谨慎地使用人民交给自己的权力。一些人握有权力后便觉得舍我其谁，产生了一种优越感，这种优越感越重，就会孤芳自赏。领导者容易被追逐权力的人包围，一般会逢迎的人是很难使人看出他内心的真正想法，能坦率直言可信赖的人容易非议，往往得不到重用，这些现象应引起领导者的重视。品格德行，乃立身所贵。高尔基谈到："每一次的克制自己，就意味比以前更强大。"做一个好的领导者，就要廉洁奉公。春秋时期，有个宋国人得了一块宝玉，他兴冲冲地献给宋国很有名望的大官子罕。没想到这老先生推辞不收。献玉人以为子罕不识货，便对子罕说："我这块玉是请玉工鉴别过的，玉工认为此玉是宝，我才敢献给你。"子罕回答说："我以不贪为宝，你以玉为宝，如果我收了你的宝，我失去了宝，你也失去了宝，我们不如各拿着各的宝。"子罕把"不贪"当做宝，说明他对廉洁看得十分重要。子罕政绩卓著，名闻诸侯，成为春秋时期有名的贤臣，不能说与他的这一美德没有关系。塞涅卡说道："能约束自己的人最有威信。"因此，领导者只要清正廉明，一身正气，时刻注意自己的品格德行，浩然正气，任何邪端妄作就不会侵入肌体。

3. 为官要留下好的"政声"

大凡为官者卸任以后，都要留下一堆让百姓谈论评议的话题。倘若在"台上"能够兢兢业业，勤政为民，必能得到群众的一片赞许。如果整日浑浑噩噩，碌碌无为，甚至以权谋私，贪污腐化，一定被民众所唾弃。古语有道"政声人去后"，大抵说的就是这个意思。历史上一些为官者谨慎从政，两袖清风，为后人留下好的名声。北宋名相寇准，为人刚直，因多次直谏，渐见重用，当时人们将他赞若唐代魏征。寇准不但政绩斐然，生活俭朴也名著天下。在封建社会里，像他这样一人之下百官之上的一品大宰相，辟一块良田，造一座花园，构筑一些楼台亭阁，点缀一些林泉花石，根本谈不上什么特殊、奢侈。可是寇准当宰相几十年，虽享受有优厚的俸禄，他却主要用来施舍给一些穷困的人，而他个人的生活却非常俭朴，甭说没有建造什么华美的楼台大厦、雅致的林苑，就是卧房里的一顶帐子也一直用了整整三十年，洗洗补补，老是舍不得换。夏天来了，家人们把他的帐子拆下来洗干净。可是一不小心，撕裂了一个大口子。当家人要求将帐子换新的时，寇准却哈哈大笑："帐子破一点有什么关系呢？我实在舍不得抛弃它啊！"这类事一件件传出去后，有个平民诗人就写诗称赞寇准道：有官居鼎鼎，无地起楼台。"无地起楼台相公"从此名扬四海。历史是客观公正的反映，从不容任何人加以染指和亵渎。事实上百姓们心中始终装有一架天平，他们时不时地把"公仆"们放在天平上秤一秤，看看他们的"政声"是辉煌还是黯淡，从而自发地产生对他们爱与憎的情感。一次，福建省委书记去看当代文坛泰斗冰心老人，冰心语重心长地对他讲："我一生都记住这样两句话：一句是人民的眼睛是雪亮的，另一句是历史是由人民书写的。做官的不忘这两句话就好。"对那些以权谋私的人，人民群众的"雪亮眼睛"也会对他们平日炫耀的"政绩"留下一个硕大的问号，呈现出轻蔑和愤懑。新疆克拉玛依火灾虽然熄灭了，可众多死难者的家属要求在友谊馆原址建三座碑：第一座最高，刻上死难者的名字；第二座次之，写上勇救学生而遇难的教师和职工的名字；第三座仅 12.8 厘米高，刻上那些置学生生命不顾，只管自己逃命的几位官员的名字。可想而知，死难者的亲属对那些贪生怕死的官员是何等的唾弃。

四、交往中应有的领导风度

领导风度是指领导者在领导活动中所表现出来的举止姿态。领导风度是在政治、经济等社会交往活动中反映出来的。它是一种社会组织形式和社会交往活动的产物，是领导公共关系活动的重要组成部分。一个具有非凡风度的人，在人们心目中的形象高大，往往会对外界产生一股巨大吸引力和感召力。新形势下要提高全民素质，使社会风气在精神文明的高起点上得到进一步改善和加强，就应倡导领导干部培养良好的风度。

1. 领导风度的作用

我们倡导领导干部讲风度，不仅关系到领导干部个人形象问题，更重要的是关系到全民素质的提高和社会风气好转的问题。风度不是天生的，它需要人们在实践中自觉地培养，内在修养不好的人，无论怎样讲究外在的包装，也表现不出好的风度。如我们有些干部虽然很注意穿着装扮，可是不重视学习，腹中空空，在一些社交场合上不敢开口，因为一开口难免会出洋相，谈不到点子上。有些干部虽然满腹经纶，却在个人仪表方面不拘小节，在一些重大社交场合中，着装不整洁，举止不文雅，给人以上不了台面的感觉。这些都是有失"风度"的表现。在公众面前塑造一个良好的形象，领导干部就须努力从良好的行为举止和美好的品德两方面进行锻炼，使自己的一言一行、一举一动达到风度的规范。并时时注意学习别人的长处以弥补自己的不足，虚心倾听周围人的意见，随时调整和改变自己的形象。如果每一位领导干部都能自觉地、长期地、郑重其事地进行这种锻炼，那么在公众面前的形象就一定会完美，令人肃然起敬。"轻财是以聚人，律己是以服人，量宽是以待人，身先是以率人。"这里讲的就是导向作用。通常，领导干部的风度是广大群众直接观察并具体感受的一种形象，它往往会在潜移默化中影响到这些单位的群体风度。现实生活中，凡是领导干部能够模范带头，比如言谈举止稳健开朗，待人接物热情有礼，处理公务公正廉洁讲究时效，服饰装扮端庄整洁，朴实大方，那么他的形象就好。反之，领导干部的表现有失"水准"，好单位也可能变坏。

2. 领导的多姿多彩

在不同的社交场合，领导者表现出来的风度不尽一样。风度是领导者本能的自我表现，是一种客观现象。通常所说的仪容美、服饰美、气质美等，都属客观表现形式。它除具有先天因素如性别、长相等外，还具有明显的社会属性，它与人们的兴趣、爱好、信仰、文化素养以及风俗习惯等密切相关。领导者参与社会交往的首要条件，就是要有得体的仪表，尤其是初次交往，要认真修饰自己，使自己的仪表适合相应的场合。领导风度的客观表现形式，更重要的在于气质。气质是领导者社会交往能否成功的关键。如果一个领导者风仪秀整，俊逸潇洒，神态诚实，谈吐敏捷，决策果断，就能创造出自己占优势的交往气氛。

领导风度也是一种内在的有意识地推动客体表现出来的风度。一是权威性。领导者是某种组织的代表，是组织者、指挥者，在社会交往中居于举足轻重的地位。这样，他能给人一种信任感，使交往对象感觉有一种潜在力量，一种无法抗拒的魅力。使领导风度格外引人注目。二是目的性。领导进行社会交往，不是单纯的人际交往，而始终是一种有意识有目的的社会交往活动。不同的领导代表不同的利益，有着不同的交往目的。领导风度所体现的目的性是很明显的。三是层次性。随着社会经济的发展，领导者社会交往活动日益频繁，交往的层次越来越复杂化。不同的领导，表现出不同的风度，上至国家总理、部长，下至乡长、村长，虽然都处于社会交往中，但"不在其位，不谋其政"的表现风度是不可比拟的。总理风度，部长风度，乡长风度，角色不一，则风度各异，且悬殊较大。进而言之，领导风度的层次性是由领导者的地位决定的。领导者的身份不同，那么领导风度的影响力也就有很大的差别。另外，不可忽视环境对领导风度的影响，如一个领导去灾区慰问，在工地参加劳动，西装革履显然就不合适，这样的穿着反而会影响领导风度。

3. 领导风度具有可塑性

莎士比亚说，有人生来伟大，有人变得伟大，有人伟大是强加的。人是自然的，交往则是社会的。人的社会交往过程既是表现风度的过程，也是塑造风度的过程。一个人的客观风度是有限的，但其风度的塑造是无限的。在社会交往中，领导风度的再塑造是十分重要的。因此，领导者要把握环境气氛。西汉宣帝时，张敞任京兆尹。张敞因才华出众，很受汉宣帝的器重，朝中大臣也很佩服他。但张敞不讲究威仪，刚离开朝会，他便让车夫赶马急跑，自己也用鞭子打马。他还替妻子描眉，长安城中流传着"张京兆眉毛画得好"这样的话。这话在当时对他是很大的讽刺。张敞为妻子画眉被认为是轻浮的行为，所以终其一生也没有得到更高的官职。现代的领导者，特别是党政领导干部，从宗旨上说，是人民群众的公仆。从领导方法上说，应该与人民群众打成一片，不能高高在上，官气十足。但是，由于领导者担负着指挥、协调、决策、用人等十分重要的任务，要做到令行禁止，一点威仪不讲也是不行的。特别是在比较严肃的场合和环境，更不能有嘻嘻哈哈的行为。要注意交往环境气氛，准确地将自我表现出来，达到交往的最佳状态。在交往中，领导风度不是装腔作势，故弄玄虚，而是要自如地把握环境气氛，不然会使领导风度黯然失色。不同的场合有不同的环境和气氛，一定要把握好，这是塑造领导风度的一个重要方面。参与社会的交往的人，都带有各自的心理进入交际场合，这些心理活动直接影响着人的风度表现。比如，有人心事重重，说话就吞吞吐吐。有人心理怯弱，举止就拘谨扭捏。有人胸有成竹，就谈笑自如。在交往中，准确地把握交往对象心理，使领导者处于"轴心"地位，以其风度吸引住众多的交往对象，才能产生好的效果。精练幽默的语言，诙谐而潇洒的动作等，都能增强领导风度的感染力。有时需要沉默，把内心激动与外表不动声色融为一体。有时要冷漠，在冷中使问题得到妥善处理。有时却需要热情奔放，熟练地表现自己的情感，使自己融化在他人的理解情感中。发挥好艺术效果，能创造多角度艺术形象，使领导风度塑造得更加明朗，更具影响力。一个人的印象，往往是一个瞬间留下的。因此，每一个领导者必须注意掌握交际的"火候"，特别要注意给人的第一印象。比如什么时候慷慨激昂，什么时候沉着冷静，什么话能说，什么话不能说等。这一切都要区别对待，把握好时机，把握好分寸，否则就无法塑造好领导风度。领导风度虽具有可塑性，但也有其局限性和规定性。塑造领导风度必须从实际出发。如美国总统罗斯福虽长年累月坐在轮椅里，但其领导风度却塑造得很丰富。只有从实际出发，苦练"内功"，提高素质，掌握领导风度塑造艺术，才能塑造好领导风度。在社会主义市场经济条件下，社会交往日益频繁，领导风度的重要性愈来愈明显。作为现代领导者要注意领导风度，塑造领导风度，更要积极地表现领导风度，这是社会交往中一个不应忽视的问题，也是领导者走向成功的一个重要条件。

4. 敢于不究士过

一个领导者要大度，不能过多计较下属的过失，要容得他们有一个改正错误或纠正缺点的过程，这样做常常会收到意想不到的效果。周定王元年，楚庄王平定叛乱，大宴群臣，并让爱妾许姬为大家敬酒助兴。不想一阵风，吹灭了所有的灯烛。这时有一好色者趁黑暗扯了一下许姬的衣袖，许姬也扯下了他的帽缨，请庄王查办。庄王不仅没有查办，反而让大家都扯下帽缨，然后点灯畅饮。事后庄王才告诉许姬，酒后狂态人常有之，如果治罪恐伤了国士之心。后来，吴楚战争中，有人奋勇杀敌，立了大功。庄王问他为什么勇敢，那人说："臣，先殿上绝缨者也。"此人名叫唐狡，他正是为了报答庄王的不究之恩才英勇杀敌的。楚庄王胸襟开阔不究士过，千百年来一直为人们所称道。历史是一面镜子，在如何表现领导的风度方面，我们或许能从楚庄王那里获得一些有益的启示。

要有容人之短的宽阔胸怀，勇于不拘一格地选用人才。一个人才，有这方面那方面的短处是不可避免的。若是一味求全责备，苛求完人，必然会制约人才的脱颖而出和人才作用的充分发挥。因此，作为一个领导者，在选人用人时，一定要敢于抛弃一切个人成见和恩怨，对那些政治素质好，敢闯敢干，有能力、有实绩，但某些方面尚显不足，甚至冒犯过自己的人才，要有力排众议的勇气，敢于大胆启用，只有这样，才能使大量优秀人才脱颖而出，人才能量得到充分释放，我们的社会主义事业就会万古长青。要坚持把群众意见作为我们做好人才工作的一条重要标准。楚庄王在爱妾被部下轻薄后，并未因爱妾的请求而贸然处置，而是劝诫说，酒后狂态人常有之。如果治罪恐伤了国士之心。由此可见，楚庄王作为一个封建时代的君主，也是注重社情民意的。群众观点是马克思主义最基本的观点之一。在用人问题上，我们绝不能以个人好恶亲疏定是非曲直，而是要注意社会公论，千万不能因感情用事，而伤了"国士之心"。我们的领导同志，当发现下属有偶然性错误，特别是冒犯了自己时，更应该宽恕爱护他，做到"大礼不辞小让，大行不顾细谨"。

五、戒"好谀"

世界上有一种行为与贿赂相似，但所赠送的不是财物，而是阿谀奉承之言，拍马溜须之举，且把它叫"精神贿赂"。"好谀"，就是喜欢别人阿谀奉承。通俗点说，喜欢别人给他吹喇叭、抬轿子。

1. 警惕精神贿赂

"好谀"是一些人的毛病，甚至一些颇有作为和影响的人也难以幸免。所不同的是一些人毕竟在"糊涂一时"之后较快地醒悟过来，不管是主动的还是被动的。唐太宗有一次听不下魏征的直谏，怒气冲冲地跑到后宫，扬言要杀掉这个老儿，他妻子长孙皇后问明情况后却着朝服相庆，庆贺唐太宗有这样敢于直谏而不阿谀奉承的良臣，太宗也终于醒悟过来，转怒为喜，褒奖了魏征。但像唐太宗这样的"人主"，在封建社会里也是凤毛麟角，至于终身保持"爱批不爱吹"的，那更是"踏破铁鞋无觅处"了。

清代才子袁枚出来做县官时，到名臣尹文端老师处辞行请训。老师问他，年纪轻轻去做县官，有些什么准备？他说什么都没有，就是准备了一百顶高帽子。老师说年轻人怎么搞这一套？他说世间人人都喜欢戴，有几个像老师这样不要戴的？老师听了也觉得他说得有理。当袁枚出来，同学们问他与老师谈得如何。他说已送出了一顶。真正吹捧他人者是决不会说要给人戴"高帽子"的，被吹捧者有时自己都不知不觉地戴了一顶，可见"拒捧"之难。英国的伦理学家曼德威尔说过："如果谀谄之术施用得巧妙，而正中一个人之所长，那么就没有任何一个具有洞察能力的人，能够坚决抗拒得住。"当然拍马屁拍到马腿上，反被踢了一脚也是有的。但从许多人在还不算很"巧妙"的吹捧面前，有时都会忘乎所以的事实来看，此话还是有其道理的。现在贿赂行为已成"过街老鼠，人人喊打"了。然而精神贿赂却往往打着"尊重领导"、"关心他人"、"讲礼貌"、"公关学"等幌子，尚未引起人们的警惕。其实，精神贿赂和物质贿赂一样，也会使行"贿"者图谋得逞，而且不费一"枪"一"弹",同样腐蚀人们,特别是能给行"贿"者带来好处的人,同样会污染社会风气,使"报喜不报忧"、"吹吹拍拍"等腐朽作风腐而不朽。历来的有识之士对精神贿赂都是十分鄙视和憎恶的。宋代的司马光曾对王安石说过:"拍马逢迎的人到处迎合你,使你感到高兴,但你一旦失势,必然会有人出卖你,以达到往上爬的目的。"对于捧人者巴尔扎克指出,"这是小人的伎俩"。契诃夫则说:"被混蛋称赞,不如战死在他手里。"在搞精神贿赂者的"高帽子"面前,我们应比古人、前人更有觉悟更加警惕才是。

领导者的一个主要职责就是发现人才用好人才。但因"好谀"往往被巧言令色、巴结逢迎的人所蒙蔽,以致误用不好的人。古人云:"大奸似忠,大诈似信。"善于阿谀奉承之人,常常被误认为是人才,这些人没有治国安邦的真才实学,但趋炎附势之术,却是拿手好戏,而有些领导者的"好谀"正好为其开方便之门。亲小人必然远贤臣,用庸才必难用人才。有些人既用人才,也用庸才,用人才以支撑局面,用庸才以适意遂欲。即使喜欢用庸才的领导者也想任用一些人才,但"正邪自古同冰炭",任用庸才的结果,必然使贤才避而远之。这是不以人的主观意志为转移的。因此,要想做到有知人之明并能重贤臣良将不用庸人，也应从戒"好谀"开始。"人贵有自知之明"，"知人者智，自知者明，自胜者强。"实际上这三者是联在一起的。不能自知、自胜，也难以知人。一个权重的人，如果整天喜欢别人阿谀奉承，歌功颂德，只爱听好话，不爱听批评话，听不得不同意见和批评意见，自以为是忘乎所以，必然拒谏饰非，不能正确认识和估价自己。"好谀"实际上是自己削弱自己，自己欺骗自己。严重的好谀者心目中只有他自己，总是不相信群众，不尊重群众，不认真对待群众的意见，不关心群众的疾苦，所以，群众也不买他的账。归根结底，好谀者只能得到势利小人口是心非的颂扬，只能得到众叛亲离，自己变成孤家寡人的下场。

2. 领导者要反对弄虚作假

弄虚作假是一大顽症，反对和纠正弄虚作假，必须追根溯源，摸准情况对症下药。问题出在什么环节，就从什么环节抓起，古人说：上有所好，下必甚焉。弄虚作假之所以能在一些地区和单位衍成风气，根子就在个别机关和领导干部身上。有的干部，为了个人的升迁和荣誉，打着为本单位评先进、争荣誉的幌子，暗示默许甚至公开授意怂恿下属虚报谎报。弄虚作假问题，归根到底是领导干部的思想作风问题。

它表明领导思想作风不端正，在人民利益与个人名利的选择面前，不少人经受不住考验。因此，要把倡导实事求是，反对弄虚作假，作为领导干部思想建设的一项重要内容，长期不懈地抓下去。孟子说过："读者，天之道也；忠诚者，人之道也"。对于今天的共产党员和党的干部来说，做老实人、办老实事、说老实话是很重要的。在具体工作中要始终遵循不唯上，不唯书，只唯实，一切从实际出发，汇报工作总结成绩不夸大。弄虚作假多是自私作怪的产物。只有心底无私，才能实事求是面对一切。只要我们的每个领导干部，淡泊个人名利，视党和人民的利益重如山，弄虚作假就会失去动因。古人云：兼听则明，偏听则暗。推而论之，兼看则明，偏看则暗；兼问则明，偏问则暗。要做到兼听、兼看、兼问，不走出"包围圈"是不行的。

六、风气的力量

风气的力量是绝不能小觑的，创造良好的社会氛围，大张旗鼓、理直气壮地宣扬廉洁奉公的典型，是实现党风好转的一个重要方面。同时，还应对领导干部行使的职权进行制约和监督，走法制化的道路，只有把这两方面结合好，才能产生好的效果。

1. 加强对领导干部行使职权的制约和监督

孟德斯鸠说过："一切有权力的人都容易滥用权力"。19世纪英国自由主义思想家约翰·阿克顿也说过："权力必致腐化，绝对的权力，绝对的腐化。"从某种意义上说，这些话很让人深思。权力如果不能受到有效的制约和监督，就必然产生腐败，不受制约和监督的权力是腐败和失败的祸根。有的领导干部所表现出来的不正之风和腐败现象，都与制约不够、监督不力有关。如何在执政条件下掌好用好权力，对领导干部来说确实是一个险关，能否经受住这个考验，直接关系到民心向背和政权能否巩固。因此，为了巩固和加强执政党的地位，必须把领导干部行使职权的行为规范在党和人民的意志与利益的轨道上，通过他们秉公的品质、廉洁的作风、优质的服务来赢得人民群众，增强党和政府的凝聚力和感召力。

对领导干部行使职权进行制约和监督，应该是全方位、多角度的。领导干部行使职权的情况，本系统、本单位的群众最为清楚，也最有发言权。在权力分配中要本着制衡原则防止权力过于集中。在决策过程中，坚持民主集中制强化集体领导。在行使职权时，要强调党性原则，保证党性与人民性的统一，防止另搞一套。在我国人民群众是权力的主体，干部是人民的公仆。在行使权力过程中，干部始终要为人民群众负责，群众自然更有权对领导干部行使职权的情况进行制约和监督。把对领导干部行使职权的情况作为监督工作的重点。要强化社会舆论的监督，增强公开性。任何滥用职权、搞不正之风的行为都具有不可告人的地方，一旦原形毕露定会产生重大的影响。新闻媒介和舆论工具，对搞权钱交易，不正之风，以权谋私的人和事，要敢于亮相、勇于"曝光"。

2. 领导干部要慎言

《论语·学而》曰："敏于事而慎于言。"作为领导者虽不都是"金口玉言"，也不是所有场合都守口如瓶，但的确不能"信口开河"。历史上唐太宗对侍臣说：言对君子来说极为重要。说话岂是容易的事？就是平民百姓，一句话说得不对头，还是被人记在心里，成为包袱和拖累。况且一国之君，说话更不能有过失。不然，所造成的损失是很大的。怎能与平民百姓相比？还以隋炀帝为例验证自己的观点，说隋炀帝第一次去甘泉宫，对那里的泉石风景感到非常满意，却嫌缺少萤火。于是下令说："捉些萤火虫放到宫中照夜。"结果下面立即派出几千人去捕捉，一下子就送了五百车的萤火虫到宫中。唐太宗一席话发人深思，当年隋炀帝一言不慎，闹出如此笑话，足见慎言对于为官者何等重要。领导干部的一言一行在提倡什么，反对什么在群众中起着导向的作用。唐玄宗晚年"外宠边将，内宠宦官"，搞得宫中见没胡须的就巴结，教训很深刻。在进行改革开放和社会主义现代化建设的今天，重温古训，领导干部也应慎言。唐人虞世南有联咏蝉诗："居高声自远，非是藉秋风。"蝉声远传，并非借助于秋风，而是由于"居高"所致。领导干部身居高位，每句话都会产生一定的影响。若不自重不谨慎，其后果不堪设想。为此，领导干部讲话理应处处、时时、事事以党和人民的利益为重，"以百姓之心为心"。为了慎言，古代帝王曾采用"君举必书，言存左史"的办法，把君王的一举一动，每一言论都由左史记录下来。有些话不该对别人说，绝对不能说，包括至亲、同事和朋友。有些话可以私下说，绝不能在大的场合说。但现实中，有些领导干部为了显示官位和不凡，往往无视纪律，不该讲的话到处乱讲，视国家机密为儿戏，故意炫耀自我。古人提出"近习之间，又宜深慎"的警言，是值得借鉴与效法的。领导干部应做到不乱许诺，不说空话，不说大话。语言表述要恰当准确，说话要有政策观念，决不可"益小利，损德义"。有些领导干部为一时虚荣，企图博取部下的好感，空头许诺，或对下级许以官职，或对群众应允恩惠，或竭泽而渔，追求短期效益，或欺瞒群众，重奖诱惑，让部属暂时欢呼雀跃，为之歌功颂德，结果却落得声名狼藉失信于民。古人崇尚"大辩若讷，至道无文"，意思是善于辩论的人，就像不大会讲话。至深的道理很朴素，用不着文采修饰。毛泽东同志最愤恨那些下车伊始，便哇哩哇喇乱发议论和夸夸其谈的人，这样的领导干部每到一处以官自傲，不熟悉情况不了解下情，却偏爱自恃才高，高谈阔论，其结果往往适得其反。慎言对上级不该是战战兢兢，如履薄冰。对上级指示不妥之处应直言，不应"同俗自媚于众为善"，当"好好先生"。作为领导者要言行一致、言必兑现、言之有物、言之有信。

3. 风气是一股力量

《资治通鉴》载，汉武帝时有个御史大夫，叫公孙弘，他虽官居高位，生活却十分俭朴，睡觉盖布被，吃饭不重肉味。史书上称汉武帝的年代是"内穷侈靡"，"公卿、大夫以下，争于侈靡"。可以想象在那时像公孙弘那样廉洁实属不易。然而公孙弘却被汲黯在皇帝面前告了一状："弘位在三公，俸禄甚多，然为布被，与小吏无差，诚饰诈，欲以钓名。"按照汲黯的逻辑推理，"位在三公，俸禄甚多"，就应当奢于生活，否则便是虚伪，是想"沽名钓誉"。汲黯的奏本其实是反映了他本人的阴暗心理，是一种恶意攻击。遗憾的是面对皇帝不悦的面孔和同僚们嘲讽的目光，公孙弘无言以对，倒好像自己真的做了什么亏心事似的。他退朝回家后不无后悔地对妻子说："节俭本乃美德，却反遭人暗算，即此作罢。"从此以后，公孙弘改弦易辙，和其他同僚一样"争于侈靡"，生活起居豪阔起来，于是乎大家彼此彼此，反而风平浪静。公孙弘本来也以节俭为美德，可是他在奢侈风气压力下，"靡不有初，鲜克有终"，做了一件有始无终的事，成了腐败物中的一部分，应受后人责难。但换一个角度思维，如果当时的风气崇尚节俭，公孙弘或许也能保持节俭一以贯之。正是因为当时风气的负面效应，成了公孙弘改统易辙的直接诱发因素。风气的力量可谓大矣！好的风气和制度可以使人由坏变好，而坏的风气和制度可以使人由好变坏。记得一位县的政法委书记到乡下参加外甥的婚礼，先乘公共汽车，后步行而去。他老姐姐一家原以为他当"官"，会小车而来，增加些风光气派，没想如此"寒酸"，大失所望。此事传到机关后，成了他不合时宜迂腐的象征和一些人笑谈的资料。老友每谈及此事，不胜感慨。时下的若干不良的风气确实在腐蚀着人们的灵魂。如果你到一些单位一定要吃"四菜一汤"，则闹得主客都不高兴，甚至成了一个"不受欢迎的人"。现在有人抱怨"做人难"，即：要想做一个正直的人很难。从理论上说，做人应该是坦率、正直、公正、正义、敢于直言的。宋人苏轼在《水调歌头》中说："一点浩然气，千里快哉风。"文天祥在《正气歌》中说："是气所磅礴，凛冽万古存。当其贯日月，生死安足论。"说的就是这个道理。有些禀性耿直、坚持正义、坚持实事求是态度的人，却在一定的环境中受阻，很不好受，有的甚至为生存的"小环境"所不容。有人会给这样的人戴上各种各样的帽子，如"多管闲事"，"就数你能？要你出什么风头！"等。而一些善于见风使舵、阿谀奉承、待人不正、不诚，时不时地还暗算他人几下的人，反倒会"吃得开"、"爬得快"。在这种风气下，不否认绝大多数人不为所动，严于律己，但毋庸讳言，也有若干和公孙弘一样本来想清廉无私、洁身自重的人，也回心转意"入乡随俗"了。

七、品高自能拒诱惑

古往今来，一些人常常被形形色色的诱惑击倒在地，身败名裂。然而，许多贤明志士"心有长城挡狂澜"，清廉持正严格自律，以其高尚的品格为世人树立了战胜诱惑的楷模。一个"廉"字反映出了令世人清醒的问题，要想做得清白，必须先要清醒。

1. 廉是为官之道

正气，作为我党的优良传统和中华民族传统美德与当代社会实践相结合的时代精神，它对于净化人们的心灵，规范人们的行为，促进人们的奋发向上，调节良好的人际关系，推动社会和谐发展都具有重要的作用。因此，领导者一定要讲正气，讲正气就要带头做共产主义道德的模范，全心全意为人民服务的模范，敢于同不正之风和腐败现象作斗争的模范，从而使自己的人格超越世俗功利的视野，放射出普照时代与历史的永恒之光。做到这一些，领导者要从一个字上下工夫，那就是"廉"。年富书《官箴》刻石，陈列在西安碑林第五室东侧第三排背面，南数第一的位置。此刻石为横长方形，高 83 厘米，宽 209 厘米。明代时，山东巡抚年富楷书，泰安知州顾景祥在明孝原朱祐樘弘治十四年（1501 年）八月光刻立于府衙，接着清代颜甫深、颜俭、颜伯焘先后题跋，张聪贤加铭，重刻于清道光四年（1824 年）。《官箴》，就是做官的箴言。文中曰："吏，不畏吾严而畏吾廉；民，不服吾能而服吾公；公，则民不敢慢；廉，则吏不敢欺。公生明，廉生威。"这字字警策、句句药石的铭言，记明了为官清正廉洁，就能树立威信，办事公道正派，就能安定人心。用当今的话来说，为官者，要廉洁自律，公正执法，就能得到民众的拥护和爱戴。西安碑林博物馆陈列的这通《官箴》刻石，是颜俭之子颜伯焘所为。颜伯焘在清道光二年（公元1822年），为陕西延绥道台，他携其所刻《官箴》刻石赴任，后于清道光四年（公元1824年），把《官箴》刻石拓本交于长安知县张聪贤，请其重加铭文摹刻置于碑林，以广其传。年富的楷书，顾景祥、颜甫深、颜俭、颜伯焘的跋文，还有张聪贤的铭文历历在目，这便是《官箴》之西安本。一个简单的"廉"字，分量很重。春秋时期，宋国的子罕以不贪为宝，齐国的甄彬山以还金为美德；东汉时期的杨震以清白遗子孙；宋代时的包拯铁面无私世代相传；明朝时期的于谦，以两袖清风为节操；清朝时期的郑板桥，清贫一生美名扬。特别是现代的锦州市委书记张鸣岐身先士卒而献身，优秀的共产党员孔繁森两上西藏洒热血。仅仅一个廉字，史书载道不绝。

西汉时，大将军李广利为了拉拢编写史记的太史令司马迁为己所用，派人把远征大宛时带回来的一对白璧送到司马迁家里。司马迁打开精致的玉盒，望着闪光的白玉，意味深长地说："白璧最可贵之处是没有斑斑污点，所以人们才说'白璧无瑕'。白璧如此，人又何尝不是这样，我从来不敢与白璧相比，但如收下这珍贵的白璧，就等于在自己身上添上了斑斑污点。"于是当面拒绝了送礼者。从而保持了自己的尊严，保持了自己的名声，为后人做出了榜样。这种典型人物在历代是屡见不鲜的。据《幽闲鼓吹》载：唐代官吏张延赏将审理一桩大案，令人严密通缉罪犯。次日早晨，他见自己的案头上留有一帖："钱三万贯，乞不问此狱。"张延赏看罢怒气满胸，遂将帖子掷在地上。不料，又过一天，他的案头又有一帖，上书："十万贯，乞不问此狱"。张延赏并未动心，最终还是秉公而断。唐朝中期，身为淮本诸军统都的韩弘为阻止忠武军节度使李光颜进军，使出美人计来腐蚀李光颜的斗志，他花数百万银两在汴州寻到一位美妓，派人赠送给李光颜，以"慰其日晒雨淋不得休息之劳顿"。但李光颜却不为所动，严肃地说："我身为将帅，怎能不与士卒同甘共苦，却去以女色为乐呢？"当场让人把美妓带回汴州城去。这些故事表明：挡住诱惑并不难，贵在具有高尚的品德、纯洁的灵魂，坚强的意志以及慎独的毅力。今天我们共产党人严于律己，廉洁奉公，应当比古人做得更加自觉，更加主动。

2. 反贪是历史要求

反贪、反腐败是人民始终关注的焦点，也是社会的热点，历史上这个问题都是引人注目的。唐朝名臣张说曾写过一篇名为《钱本草》的文章，全文仅187

字，但十分精辟，对"钱"这个东西分析得入木三分。他对"钱"的总体看法是，"味甘，大热，有毒"，钱虽能"偏能驻颜，采泽流润，善疗饥，解困厄之患立验"，"能召神灵，通鬼气"，但钱很重要的一个特点是"污贤达，畏清廉"，现实生活中也是如此，钱虽然能腐蚀我们一些领导干部，但对于严于律己，洁身自好的绝大多数领导来说是发挥不了多大作用的。

朱元璋当上明朝开国皇帝前，曾目睹元朝官吏的奸恶，发誓有朝一日做了皇帝，非把贪官污吏龟孙子狠加收拾不可！朱元璋上台后，除了让造反起家的首领做大官以外，曾选取应天诸府州县地主分子到南京做官，基层也有部分元朝官吏归顺留用的。一天，朱元璋向站在一旁的御史宇文桂问起百官行事的情况。只见宇文桂紧张万分，神情可疑。朱元璋顿时起了疑心，立刻令侍卫搜他的身。结果搜出书信十余封，内容都是阿谀逢迎和私托求进之言。朱元璋大怒，厉声斥责宇文桂："你不知道农民在春天鸡叫就要起来，赶着牛扛着犁去耕地；种了秧苗，又得每天小心扶持，这有多么辛苦！秋天有了收成，交了税赋，就剩下不多了。可你们这些做官的哪里会想想老百姓的辛苦艰难！"随即派出人员对中央各部和地方官员的为政情况进行调查。调查报告很快就送到了朱元璋手上，各种贪污情况使他大为震惊，立刻下了一道诏令："奉天承运，为惜民命，凡官吏贪赃满六十两者，一律处死，决不宽贷！"诏令发出，朱元璋又亲自接见办案人员，训诫说："朕素喜除恶务尽，誓欲杀尽贪官。你等肩负君恩民望，必激奋为之。办理案件，须顺藤摸瓜，层层追查。中央六部如有人贪贿，必问清赃物来自何方？若是省布政使行贿，则将布政使拘到，问他赃从何来？如来自府、县，知府、知县也要抓来。不管涉及任何人，都不能手软留情！"在朱元璋的严令和督促下，一场席卷全国的反贪官运动迅速掀起，并一直持续到朱元璋去世。"为君之道，执赏罚二柄"。朱元璋在严厉惩处贪官的同时，也奖励那些廉洁奉公的清官。明朝出使高丽的使臣符宝郎斯，任内不收该国馈赠，朱元璋题词"不辱使命，廉洁可风"，以此来勉励他。苏州知府王兴宗、杭州知府王兴福都因廉洁奉公受到朱元璋嘉奖和提升。

3. 清醒是为官之法

齐宣王爱好射箭。他常把自己使用的弓拿给左右诸臣观看。奴颜之臣投其所好，装成气喘吁吁的模样，把弓拉至半张状态时定格下来，讨好地说："这实在是张强弓，至少要九担的气力。除了大王您，又有谁能将这样的弓拉至满张呢?"宣王沉醉于左右诸臣对其臂力的赞赏之中。至死还蒙在鼓里,并不知道自己用的是只需三担力就能拉开的弓。一些为政者因虚荣心所致,爱听恭词褒语,似乎没有这些就没有自己的高大形象。这样就出现了有人愿颂,有人愿听的"和谐"。然而,真正以高大形象而流芳后世的人,常处逢迎吹拍之中而不惊,始终保持清醒的头脑。齐威王之相邹忌因"形貌丽"常被人吹捧美化。邹忌"暮寝而思之",从"美我者"其人其事中发现了发人深省的问题,"于是,入朝见威王,曰'……官妇左右,莫不私王;朝迁之臣,莫不畏王;四境之内,莫不有求于王。由此观之,王之蔽甚矣'"。邹忌的清醒,值得后人借鉴。宋代文学家欧阳修所著《朋党论》认为,高尚的人应做到"所守者道义,所行者忠信,所惜者名节",把名节视为修身立世三要素之一。

4. 廉政勤政明政是为官之本

廉政,是廉洁正直地从政。东汉文学家王逸给廉洁下了这样的定义,"廉者不受也,洁者不污也。"除此,还有一个正直包含在其中,即为政者必须为人正派,大公无私。古人讲,廉生威,公生明,廉政才能更好地从政。勤政,是勤有勤劳、勤奋、勤恳之意。即为政者要不怕辛劳，奋发努力，刻苦学习，变不懂为懂，变外行为内行，诚恳、踏实地为党工作，为人民服务。古往今来一直倡导为政要勤，如不勤政，只是高高在上不付诸行动，廉虽廉，但于工作无补，其实这也是一种腐败。明政，涵盖明智、明达、明辨是非的内容。这里引用一则故事：有记者问曾做过泥瓦匠的前联邦德国总理舒尔茨："总理先生，做国家元首与做泥瓦匠有什么不同？"他回答说："二者都必须是站在高处头不晕。"舒尔茨一语说中了要害，为政者必须头脑清晰洞察秋毫，对事物有正确的认识，在大是大非面前立场坚定，态度鲜明，这样才能做出正确的决策，干起工作才能游刃有余。虢州刺史卢杞，在虢州上任时，州里依旧制为皇家豢养3000头猪。这些猪经常践踏啃食庄稼，州中百姓深受其害。卢杞见状，亦向上奏章，反映民间怨声。时唐玄宗的儿子德宗在位，看了奏章后说："既然如此，就将这些皇家的牲口迁移到同州沙苑放养吧！"卢杞得知德宗的旨意后，继续上书说："同州的百姓也是陛下的臣民，这些牲畜到哪里都会祸害庄稼，侵扰百姓，根本的解决办法是把它们全部宰杀掉。"德宗看罢第二份奏章，慨叹道："身为一州刺史，却能为其他州的百姓们担忧，这是难得的人才！"遂下诏将这3000头猪赐给虢州的贫苦百姓。由此可以看出，为官者心中想着人民，时时念着人民，才能够廉政、勤政、明政。而这三者又是有机的统一，像鼎之三足，缺一则倾。

后　记

　　《用人方略论》出版后，受到了来自上级、首长的褒奖，来自专家、学者的称赞，来自战友、朋友的鼓励。我有一种受宠若惊的感觉。同时这也给予了我很大的动力。我决心刻苦学习，结合工作实际，继续总结和研究一些带规律性的问题。

　　我的工作条件和环境，得以接触和了解一些领导同志，他们的许多行为、风范令人佩服，许多经验值得总结。在领导工作中的一些情况和现象有时也令人思考。担任领导职务后，我愈来愈深切地感受到，领导者需要有些行之有效的才略。于是，便开始了对领导科学的学习和研究，于是，便又有了这部书稿。

　　爱因斯坦说过："人的差异在于业余时间。"我记住了这句名言，友人劝说工作那么忙，还利用休息时间玩命写作，不苦吗？但人要想有所作为，只有勤奋勤奋再勤奋，我深信勤奋是成功的必由之路。撰写出版这部专著的目的只有一个，愿领导者更会领导我们的群众，齐心协力建设伟大的社会主义祖国。使之更强盛、更繁荣，人民更幸福。当然，拙作拙见，绝不是百试不爽的锦囊妙计，诚请各位包涵。

感谢中央组织部张全景部长在百忙中写了序言，并给了热切的鼓励！感谢人民出版社吴学金主任、陈寒节编辑对这本书的格外重视！感谢王日中教授和其他朋友们给予的帮助！本书参阅了有关同志所编写的资料，在此一并致以谢意！

愿我书中的方略引发您胸中的方略。

王永生

1996 年 12 月